明治時代へタイムワープ

マンガ：もとじろう／ストーリー：チーム・ガリレオ／監修：河合 敦

はじめに

明治時代は、およそ680年続いた武士の支配が終わり、日本が近代国家に向かって歩み始めた時代です。

この時代について、学校の授業では、明治政府が政治のしくみを整えたり、経済を発展させたり、軍隊を強化したりするなど、さまざまな改革を行って、ヨーロッパの国々やアメリカといった先進国に負けない近代的な国家づくりを目指したことを学習します。

今回のマンガでは、現代の小学生、シュン、ユイ、ノブの3人組が、明治時代の日本にタイムワープ。江戸時代からの生活の変化を体験したり、近代的な憲法（大日本帝国憲法）がどのように生まれたのかを学んだりします。

みなさんも、彼らといっしょに、明治時代の日本を体験する旅に出かけましょう！

監修者　河合 敦

今回のタイムワープの舞台は…？

年代	区分	時代	できごと
4万年前	先史時代	旧石器時代	日本人の祖先が住み着く
2万年前			
1万年前		縄文時代	土器を作り始める／貝塚が作られる／米作りが伝わる
2000年前		弥生時代	
1500年前	古代	古墳時代／飛鳥時代	大和朝廷が生まれる
1400年前			
1300年前		奈良時代	平城京が都になる
1200年前		平安時代	平安京が都になる
1100年前			
1000年前			
900年前			
800年前	中世	鎌倉時代	モンゴル（元）軍が2度攻めてくる
700年前			
600年前		室町時代	室町幕府が開かれる／金閣や銀閣がつくられる
500年前			
400年前	近世	安土桃山時代	江戸幕府が開かれる
300年前		江戸時代（ココ!!）	
200年前			
100年前	近代	明治時代	明治維新
		大正時代	大正デモクラシー
50年前	現代	昭和時代	太平洋戦争／高度経済成長
		平成時代	
		令和時代	

米作りが広まる

巨大なお墓（古墳）がつくられる

奈良の大仏がつくられる

華やかな貴族の時代

鎌倉幕府が開かれる（武士の時代の始まり）

戦国時代

町人文化が盛んになる

文明開化

現代

もくじ

歴史なるほどメモ

教えて!! 河合先生 明治時代おまけ話

シュン

元気いっぱいの小学生。
勉強は苦手で、
歴史の知識はほとんどゼロ。
ふだんはお調子者だけど、
行動力は抜群。
懐中時計を盗んだ
鼠小僧三世を追いかけて、
明治時代を駆けめぐる。

ユイ

しっかり者のメガネっ子。
いつでも沈着冷静で、
暴走しがちなシュンを抑える。
歴史好きで、豊富な知識が
明治時代でも役立つ。
世話になった牛鍋屋さんのために、
商売の才能も発揮。

ノブ

気は優しくて力持ちの、憎めない性格。
食いしん坊で、すぐおならをする。
のんびり屋だけど、
いざという時は秘めた力を発揮する。
決めゼリフは、
「食べ物を粗末にしちゃダメ！」

伊藤博文

明治政府の
初代総理大臣。
憲法の草案づくりに
情熱を燃やしている。

鼠小僧三世

泥棒。
３人の大切な
懐中時計を盗む。

テル

３人が幕末に
タイムワープした
時に出会った友人。
明治時代で再会した。
今は伊藤博文の秘書。

1章
今度は明治時代にタイムワープ!?

シュン ユイ ノブの3人は……

シュンの家の屋根裏で見つけた
懐中時計の不思議な力で……

今から約150年前の幕末の時代へとタイムワープ！
ギュルルル
キャアア
うわー
何度も危ない目にあいながら――
ぴゅーーん
元の世界に戻ってきた！
しかし！
あ…
ノブがうっかり　再び時計のフタを開けてしまい――
ぱかっ
これまでの話を知りたい人は「幕末へタイムワープ」を読んでね！

また開けちゃったのぉ〜〜!?
イテテテ
みんな大丈夫か?
どっ
ずべ

ミュルルルルルル
ギュッ
どいたどいたーっ
うん……
ノブは大丈夫？
なんか 急に細くて
かたくなってる
けど……
それはボクじゃ
なくて……えーと……
なんだろう？
郵便
POST
※昔のポストです

車が通るぜーー
ダダダダダダダッ
ユイ あぶない！
どんっ
きゃっ
イタイわね～ なにすんのよ！ シュン
メガネ メガネ
ガラガラ

気をつけろ！
ここをどこだと
思ってやがるっ
鍋牛
どこなんですか？
助けてやった
のに〜……
カクッ
なんだよ
本当に知らねーの
か……
ここはなぁ
——

今 日本でいちばん発展している街!
東京・銀座のど真ん中だぜぃ!!
銀座……?
銀座のレンガ街? ということは 私たち 今度は明治時代に来たんだわ

メイジ時代って いつ頃だっけ？
幕末の後…… 私たちの時代から 150～100年 ぐらい前よ
西洋のさまざまな文明を 取り入れた 日本の近代の始まりね
は？・
いつって そりゃ 今だよ 今！
そういえば 洋服も着てるし 頭もチョンマゲじゃ ないし……今のオレたちの かっこうと似てるな

もうちょっと
この時代を見てみたい
気もするけど……すぐ
帰るとしますか
ワイ
ワイ
そうだな この間みたいに
またノブが
さらわれちゃったら
困るもんな
パカラ
パカラ
じゃあな

で……
ノブはどこ？
……
あれ？

もしかして……
またいだれかに
さらわれたのかしら？
ウ～
くん
くん
ん――？ いや……
そうじゃないんじゃ
ないかな？

何のんきなこと言ってるのよ！
早くしないとノブがまたゴーモン火あぶりの刑に……
やたら話がオーバーになってない？
私捜してくるっ!!
え？あ…オイ！
ダッ
あーあ行っちゃったよ……
明治時代の銀座でどこを探すつもりなんだ？
ノブを捜すならまずは食べ物からでしょ
このおいしそうなニオイにすぐ気づいたハズ……
プーン
ココだ！
ナベギュウ？
鍋牛
ともだ
鍋牛

こんないいニオイに
ノブがじっとしてる
わけないのに……
ユイ花粉症か？
ごめんくださーい
あっ
やっぱり
ぐつ
ぐつ
おっ もう
食べ頃だぜ
いただきまー……
サッ
おっと

うわーんうわーん
どうしてそんなヒドイことするのぉ～ シュン～！ ボクの牛鍋～！ ぎゅうなべーえぇぇ！
うわーーん
だって ノブ お金持って ないだろっ！
おう！ 坊主も牛鍋食うか？
いや いいです……
ちーん…
あ…
ずううー

ほら 腹は食いたいと
申しておるぞ
「牛鍋食わぬは
開けぬやつ」＊
というではないか！
でも お金が
ないから……
いくら
持っておるの
だ？
あいにく
10円しか……
少しくらいなら
まけてやっても…
＊牛鍋を食べない人は時代遅れだという意味の、当時のはやり言葉
なに!?
10円も持って
おるのか!?
それなら
いくらでも
食っていいぞっ!!
ホント!?

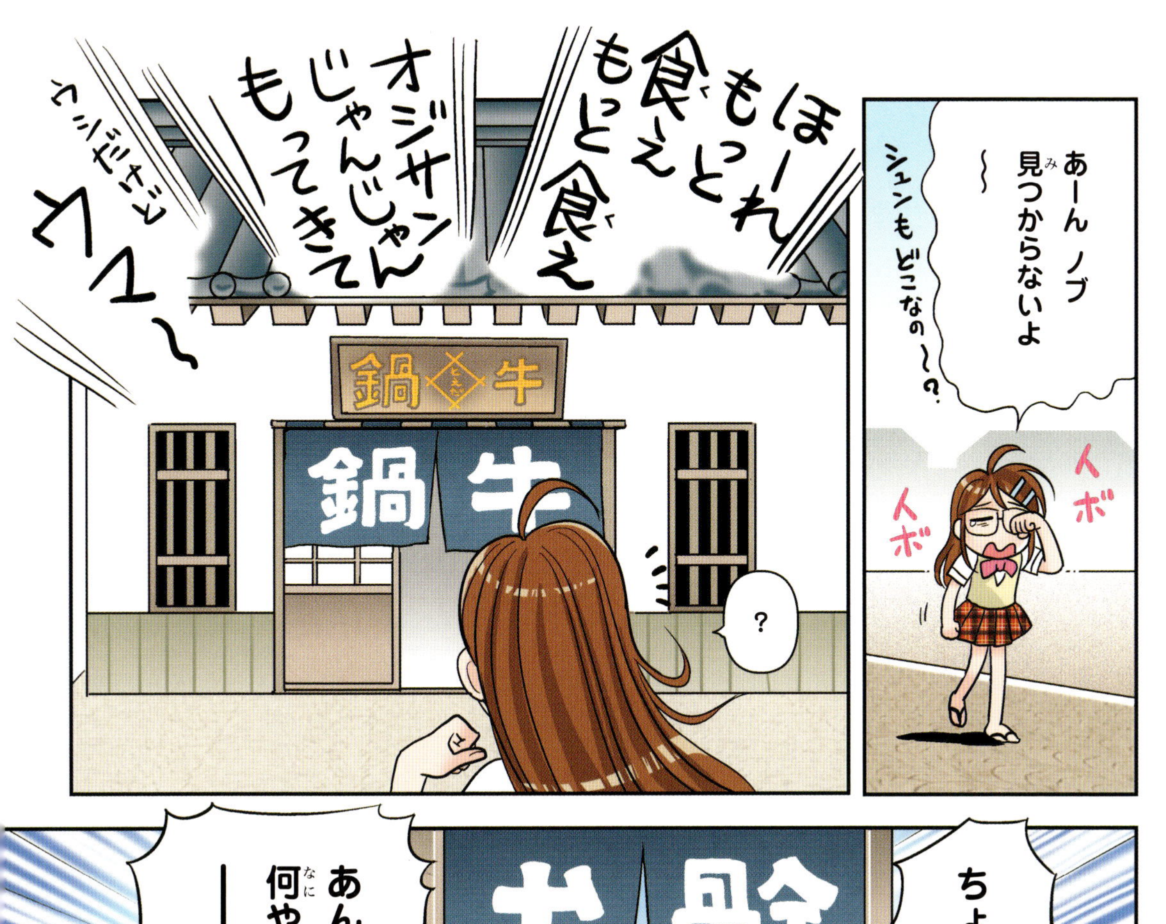

あーん ノブ 見つからないよ～
シュンもどこなの～っ？
ボ
ボ
ほーれもっと食え食え
オジサンじゃんじゃんもってきて
ウマ～
鍋 牛
？

ちょっ……
あんたたち何やってるのよ
人が心配して探してれば～
モグ
モグ
ぐつ
ぐつ

おー ユイ!
おまえも食ってけよ
うまいぞ 牛鍋!
パク パク
ちょい ちょい
何言ってんの?
お金ないでしょ?
まだ食うかい?
大丈夫だよ
10円で
いくらでも食べて
いいって オジサンが!
はーーっ…
シュンってば……バカなの?
バカとは
なんだよ
ハイ
じゃ
オジサン
10円ね
へい
まいどあ…
ムカ
む!?

坊主!!
これはいったいど・う・い・う・こ・とかな〜〜〜？
どういう……って10円だけど……？
私たちの時代の10円玉は明治時代では使えないのよシュン
そうなの⁉
先に教えてくれよ〜
だいたい10円で食べ放題なんておかしいでしょ？
たしかに…
そお？

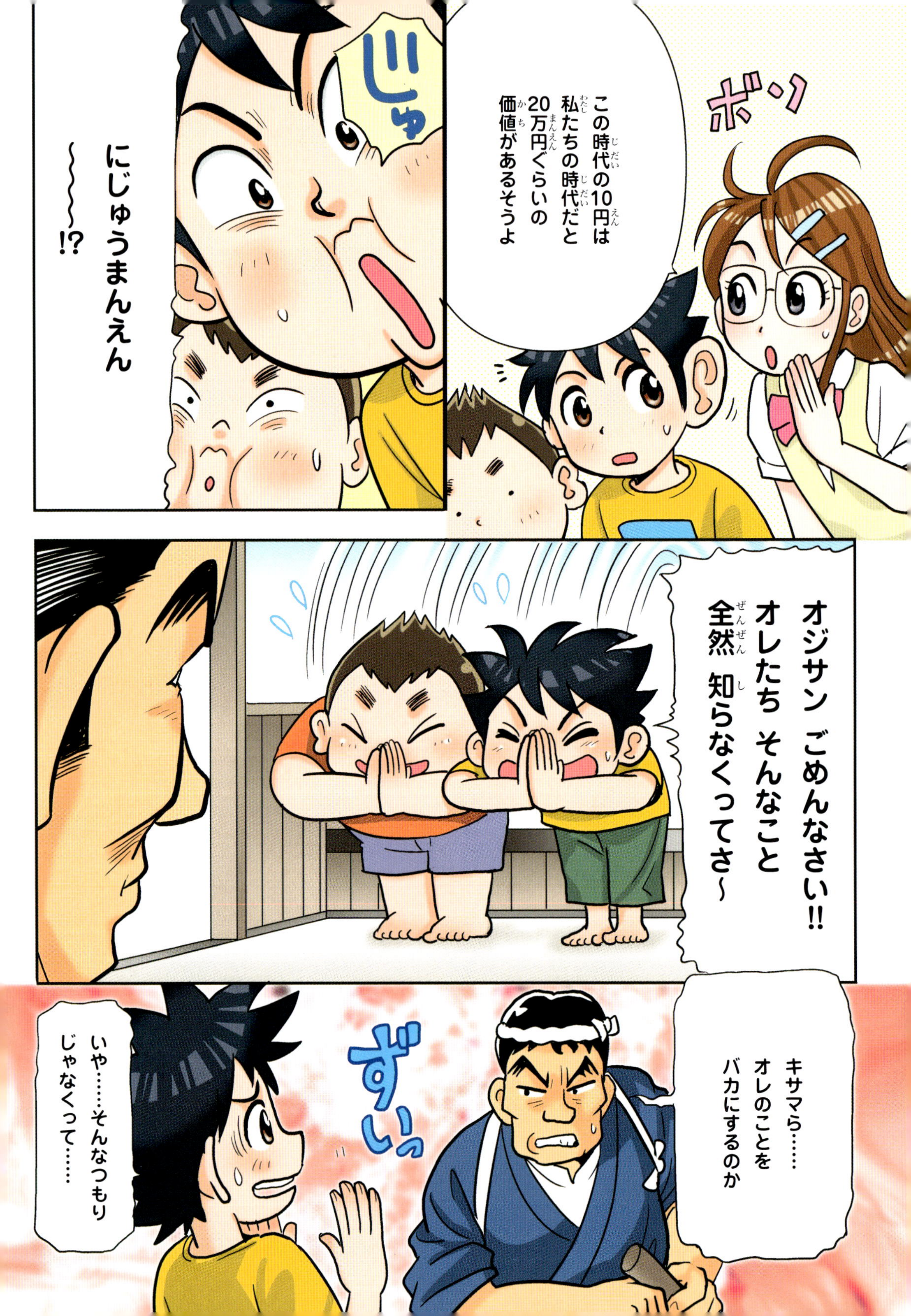
ボソ
この時代の10円は私たちの時代だと20万円ぐらいの価値があるそうよ
じじゅ
にじゅうまんえん〜〜〜〜!?
オジサン ごめんなさい!!
オレたち そんなこと
全然 知らなくってさ〜
キサマら……
オレのことを
バカにするのか
ずいっ
いや……そんなつもり
じゃなくって……

今でこそザンギリ頭*で牛鍋の店を開いているが
元は武士……士族の出よ！坊主になめられてたまるかい!!
*ザンギリ頭＝マゲをつくらず、西洋風に短く切った髪
たたき斬ってやる!!
木刀だけど
ひぇぇ

江戸時代が終わり明治時代が始まった

① 徳川慶喜の「大政奉還」

江戸時代に日本を治めていたのは、徳川家康の子孫を将軍とする江戸幕府でした。しかし、その力が弱まってくると、幕府を倒そうとする勢力（倒幕派）が出てきました。その中心となったのが長州藩（山口県）と薩摩藩（鹿児島県）です。

倒幕派の勢力が強まるなか、15代将軍・徳川慶喜は、1867（慶応3）年に、政権を天皇（朝廷）に返しました。これを「大政奉還」といいます。

「大政奉還」を決断した徳川慶喜

慶喜は、「大政奉還」の後も徳川氏が政治に関わることを考えていたが、倒幕派は天皇を中心とした政府をつくり、徳川氏を政権に入れないと決定した

邨田丹陵「大政奉還」聖徳記念絵画館蔵

② 戊辰戦争が始まる

大政奉還の後、薩摩藩や長州藩が中心となって朝廷を動かし、「王政復古の大号令」を出して新政府をつくりました。幕府はなくなり、そのうえ徳川氏は完全に新政権からはずされることになりました。

幕府を支持する人たち（旧幕府軍）は、これに不満を持ち、1868（慶応4）年に新政府に対して戦いを起こしました。戊辰戦争の始まりです。

しかし、最新装備の新政府軍に敗れて降伏し、江戸城を明け渡しました。抵抗を続けていた一部の人々も、翌年に降伏しました。

戊辰戦争の最後の戦場・五稜郭

京都で戦争を始めた旧幕府軍は、新政府軍に敗戦を繰り返し、最後は蝦夷地・箱館（北海道函館市）の五稜郭で抵抗した

写真：朝日新聞社

③「明治維新」が始まる

新政府は、江戸を東京と改め、新しい日本の中心にすることにしました。

新政府が目指したのは、日本を、当時のアメリカやヨーロッパ（欧米、西洋）の国々のような、近代的で強い国に生まれ変わらせることでした。そのため、欧米の文化や政治のしくみなどを積極的にお手本にして、さまざまな改革に取り組んでいきました。

政権の交代やこうした改革、それによって起きた社会の変化を、「明治維新」といいます。

もの知りコラム

徳川家はどうなったの？

政権からはずされた徳川慶喜は、江戸を離れて静岡などで暮らしました。31歳の若さで将軍をやめた慶喜は、その後政治と関わることなく、趣味の写真や狩り、囲碁などに没頭する日々を過ごし、のち東京に戻り、77歳で亡くなりました。静岡では「ケイキ様」と呼ばれて親しまれました。

また、徳川家は明治時代、武家の名門として、華族と呼ばれる身分になりました（→43ページ）。第2次世界大戦後、華族という身分はなくなりましたが、徳川家は今も続いていて、その子孫はさまざまな分野で活躍しています。

慶喜が撮影した写真

「静岡猫ハン写真」茨城県立歴史館蔵

2章 牛鍋屋さんで大活躍！

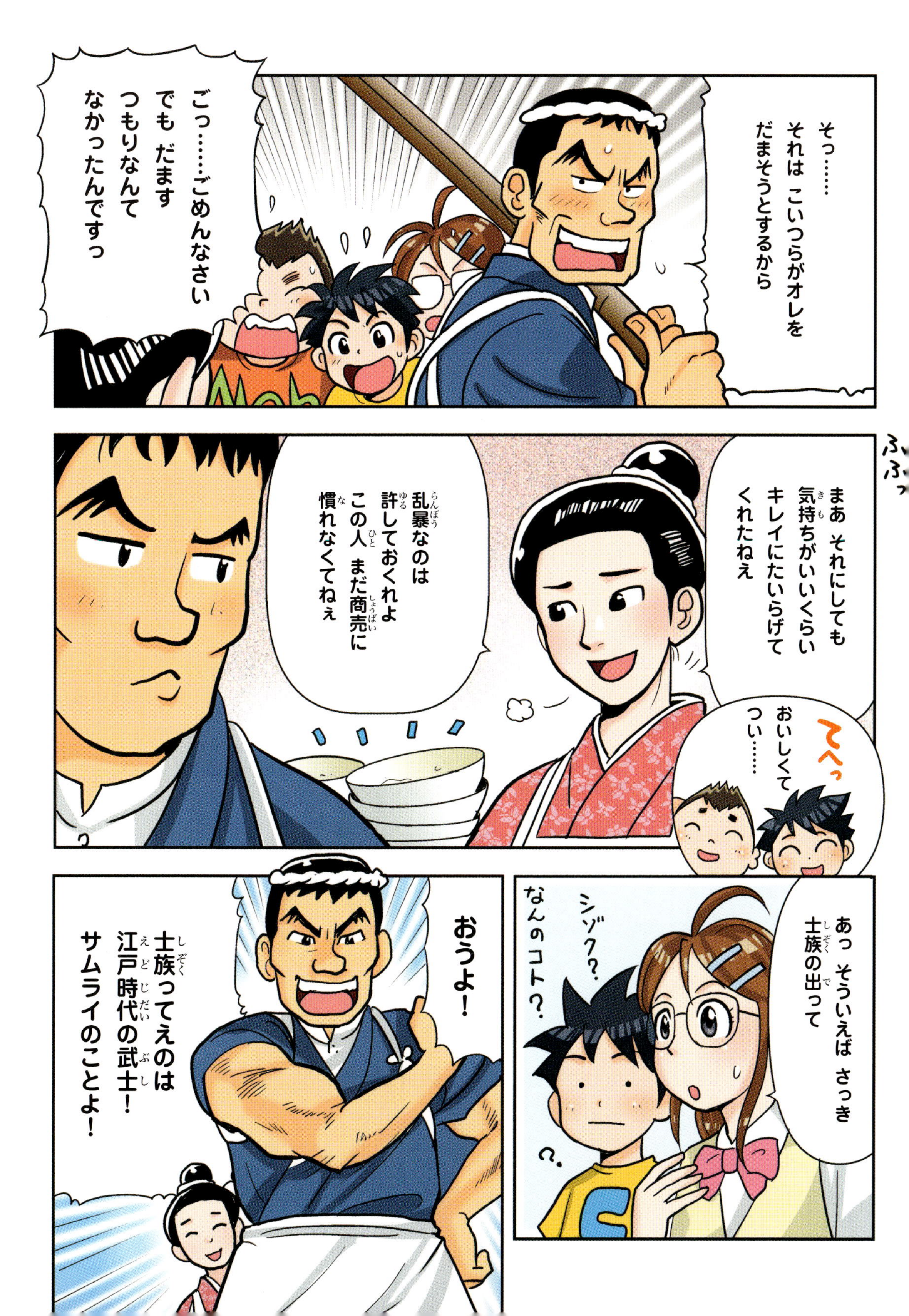
そっ……
それは こいつらがオレを
だまそうとするから
ごっ……ごめんなさい
でも だます
つもりなんて
なかったんですっ
ふふっ
まあ それにしても
気持ちがいいくらい
キレイにたいらげて
くれたねえ
乱暴なのは
許しておくれよ
この人 まだ商売に
慣れなくてねぇ
てへっ
おいしくて
つい……
あっ そういえば さっき
士族の出って
シゾク？？
なんのコト？
おうよ！
士族ってえのは
江戸時代の武士！
サムライのことよ！

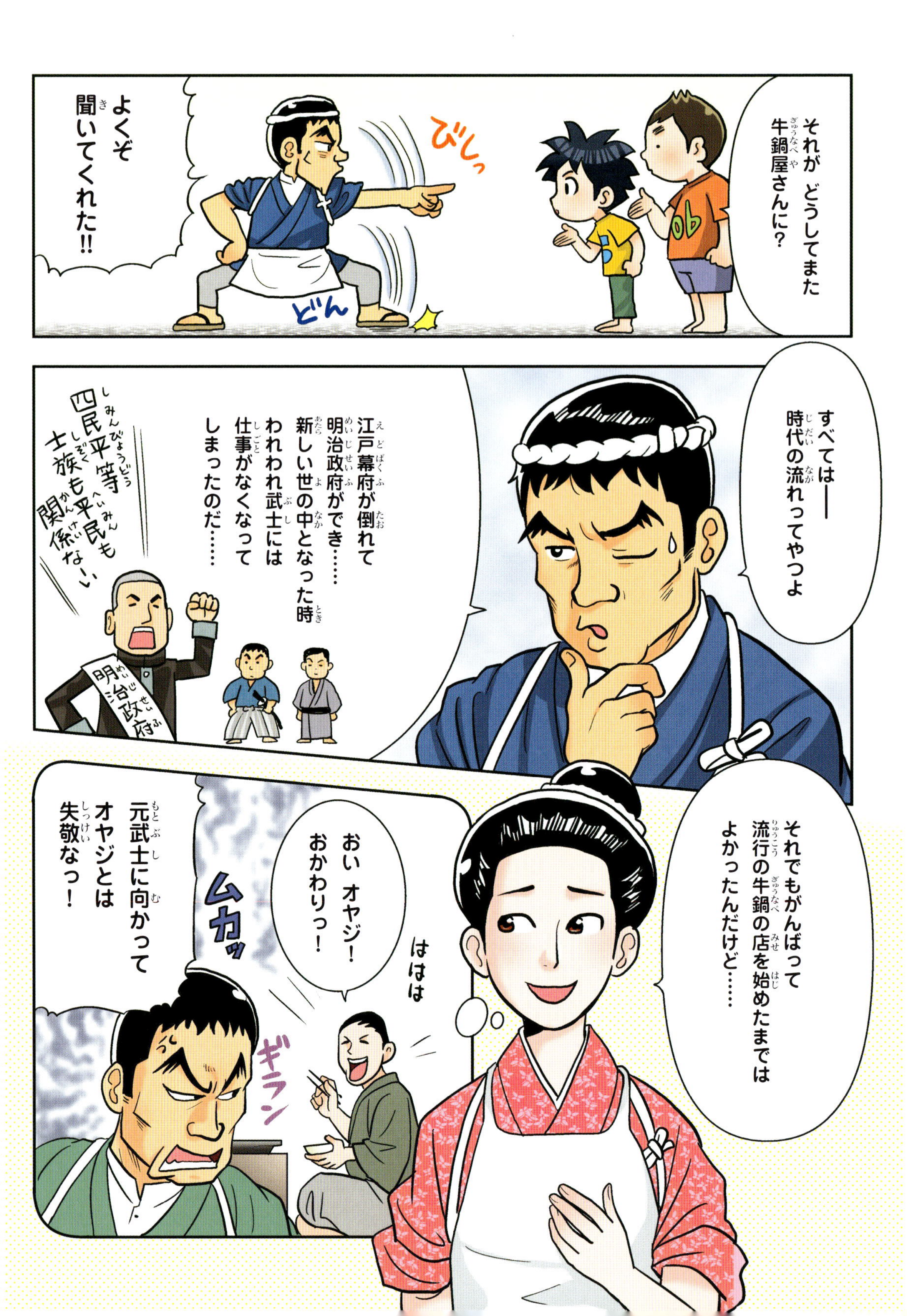

それが どうしてまた牛鍋屋さんに？
びしっ
どん
よくぞ聞いてくれた!!
すべては――時代の流れってやつよ
江戸幕府が倒れて明治政府ができ……新しい世の中となった時われわれ武士には仕事がなくなってしまったのだ……
四民平等
士族も平民も関係な～い
明治政府
それでもがんばって流行の牛鍋の店を始めたまではよかったんだけど……
おい オヤジ！おかわりっ！
ははは
ムカッ
元武士に向かってオヤジとは失敬なっ！
ギラン

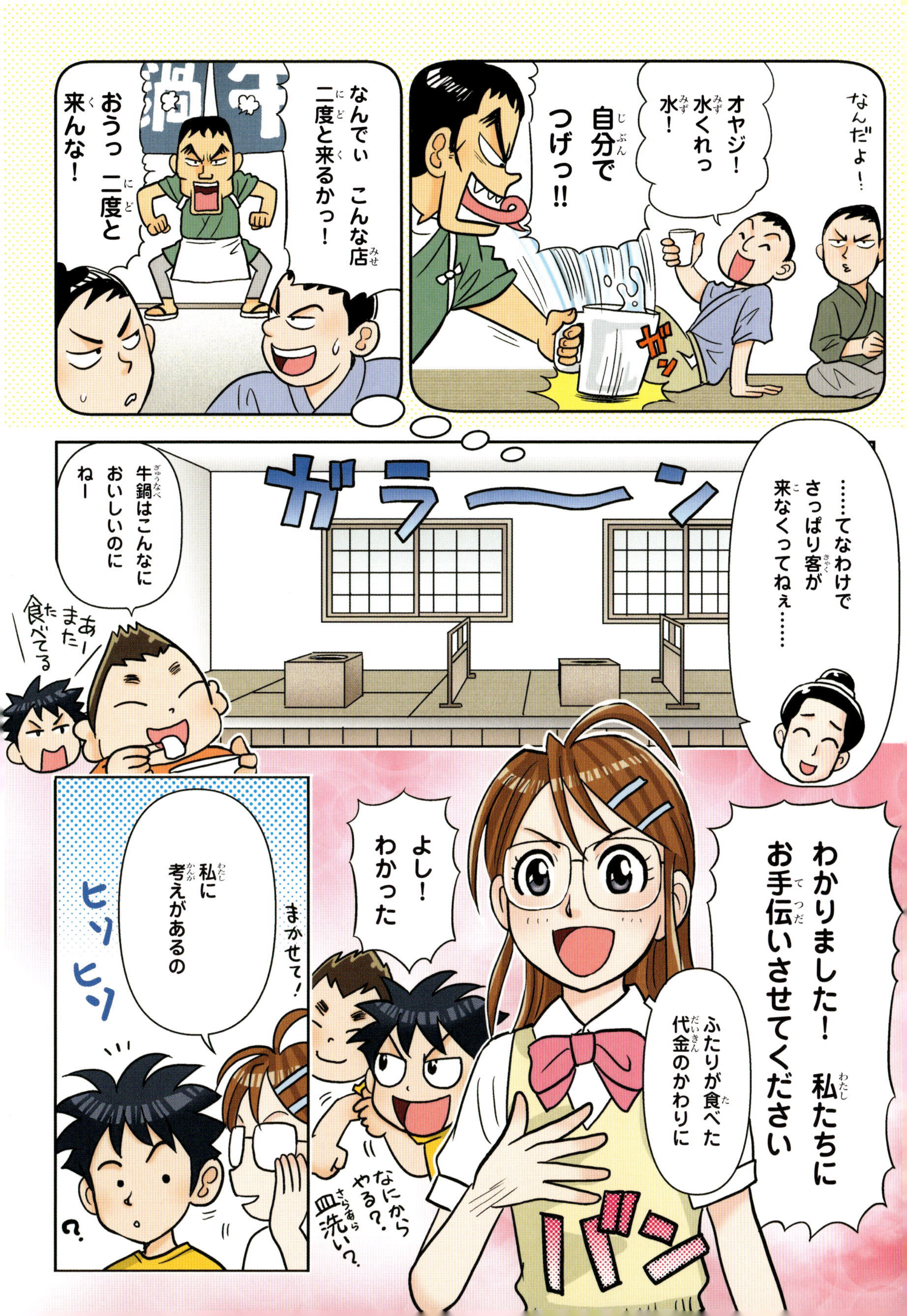
なんだよ！
オヤジ！水くれっ水！
自分でつげっ!!
ガッ
なんでぃ　こんな店二度と来るかっ！
おうっ　二度と来んな！
……てなわけでさっぱり客が来なくってねぇ……
ガラーーン
牛鍋はこんなにおいしいのにねー
また食べてる
まあ
わかりました！　私たちにお手伝いさせてください
ふたりが食べた代金のかわりに
よし！わかった
バン
なにからやる？
皿洗い？
まかせて！
私に考えがあるの
ヒソヒソ
？

ワイワイ
どーーーん
うほっ 大繁盛だな 空いてるかい？
いらっしゃい！
どうぞどうぞ ちょうど今 席が空きましたよ
いらっしゃい

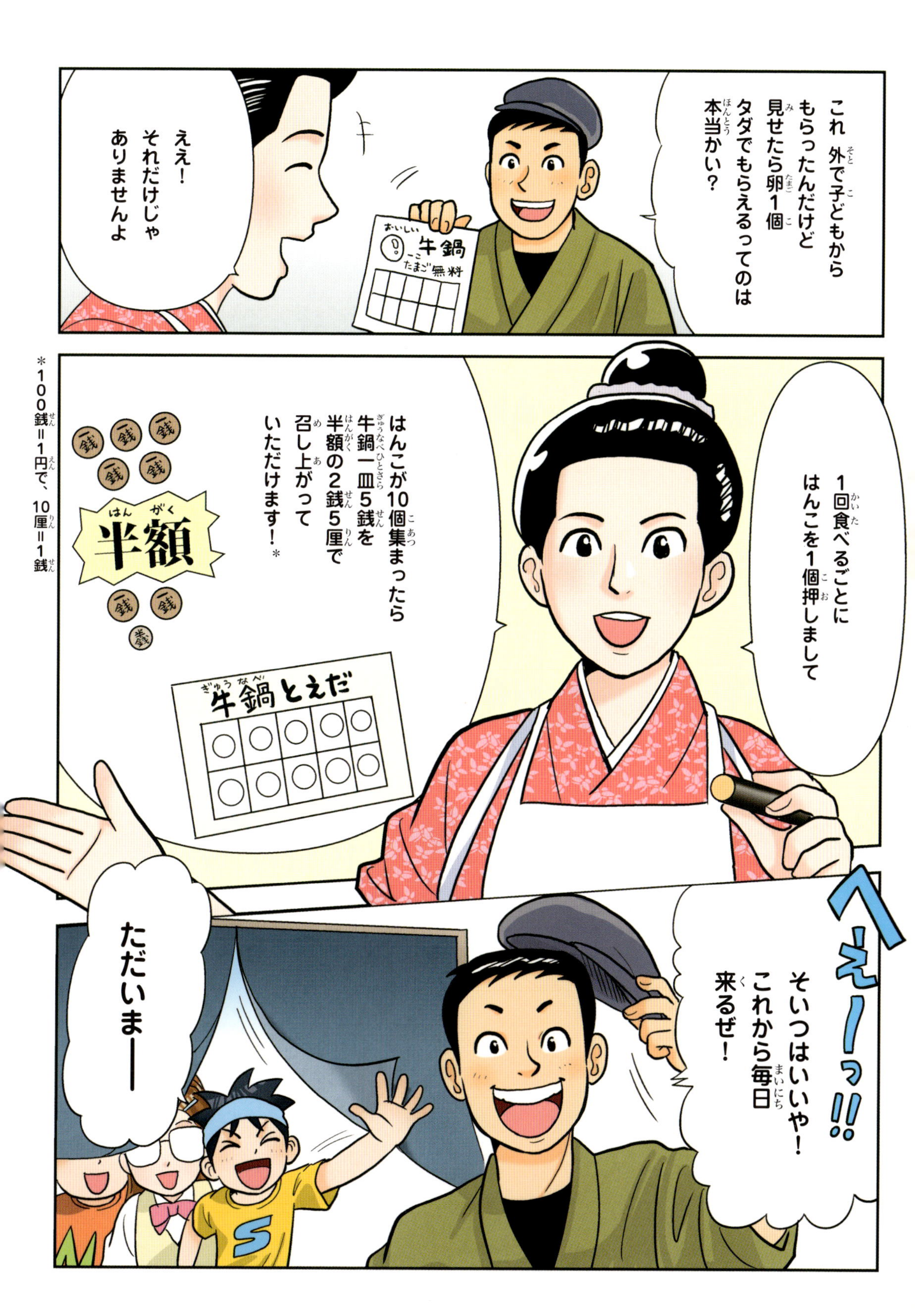
これ 外で子どもから
もらったんだけど
見せたら卵1個
タダでもらえるってのは
本当かい？
おいしい
牛鍋
一こ
たまご無料
ええ！
それだけじゃ
ありませんよ
1回食べるごとに
はんこを1個押しまして
はんこが10個集まったら
牛鍋一皿5銭を
半額の2銭5厘で
召し上がって
いただけます！＊
半額
牛鍋とえだ
＊100銭＝1円で、10厘＝1銭
へえ〜っ!!
そいつはいいや！
これから毎日
来るぜ！
ただいまー

おいしい
牛鍋
たまごが一個
もらえます。
チラシ全部
配り終えたから
中も手伝うね!
ありがとう! お願いね
おかげで大繁盛よ
お水飲む?
大福もあるわよ
いやぁ
しかし うまいこと
考えたもんだな!
おぬしらは商売の天才だ!!
大福!?

カッカッカッ
いやいや～
それほどでも
アイデア出したのは
ユイだけどね
エヘン
そ……そりゃ
そうだけ
ど……
でも ホントにうまいこと
思いついたもんだぜ～
まず チラシを
配ってお客さんを
集めて……
ポイントを
ためさせて
オトクな特典を
つけるの
オジサンはいつも
ニコニコ！
トイレは
つねにキレイにね
ペラ
ペラ
フン
フン
？
トイレって
なんだ？
商売人
だ……
ワイ
スチャ…
ワイ
……ここが
評判の牛鍋の店か……

いらっしゃいませ！
さあ ノブ！食べてないで働くわよ！
わかったよ～
ボクの大福～とっといてよ
あと二コ…
ガッ
あっ
ベちゃ
コケッ
アイタッ！
ゴトッ

大丈夫？
大事な懐中時計が
落ちたわよっ
気をつけてよ
もー
ははゴメンゴメン
スミマセンね～
どうぞ
こちらへ
……

あの者たち……
どこかで見た
ことがあるような
……
お願いよー
しっかりしまっておくから
キ

ほーっ あの坊主
なかなかいいもん
持ってるじゃねえか……

へいっ あちらのお客さんにお茶を出してくんなっ！
たたっ
ほいほーい
ボクがやるよっ！
Nob
くるっ
はーい
お茶 お待ちど……
どんっ
うっ
おっと
ごめんよっ
スッ

はい
お茶どうぞー
チョロイ
チョロイ
待て！
おまえ
このぽっちゃりした
坊主から懐中時計を
盗んだであろう！
がしっ

え？ いや
時計ならココに……
あっ……
ない！
えーっ
ダッ
ちっ
気づかれたか！
あっ
待て!!
逃がすかー!!
ビュッ
ぎゃっ
ぱしゃ

ナイス！シュン！
どだんっ
うへぇ
よーし
もう一発……
むんずっ
卵おひとつどうぞ
ん？
え!?
ズルッ
なっ？何？何？
うわわわわわ

日本社会の大改革

①「藩」から「府」「県」へ

明治政府は、江戸時代に各地の大名たちが支配していた「藩」をなくし、政府が全国を直接治める国づくりを目指しました。

まず、1869（明治2）年に各藩の領地と領民を天皇（政府）に返させました。これを「版籍奉還」といいます。次いで、1871（明治4）年に藩を廃止して「県」を置き、政府から県令（現在の知事）を派遣しました。これを「廃藩置県」といいます。

もの知りコラム

「蝦夷地」と「琉球王国」から「北海道」と「沖縄県」へ

江戸時代、現在の「北海道」は「蝦夷地」と呼ばれていました。明治時代に北海道となり、1886（明治19）年に北海道庁が置かれました。一方、現在の「沖縄県」は江戸時代まで「琉球王国」という国でした。廃藩置県の翌年、琉球藩が設置され、沖縄県となったのは1879（明治12）年です。

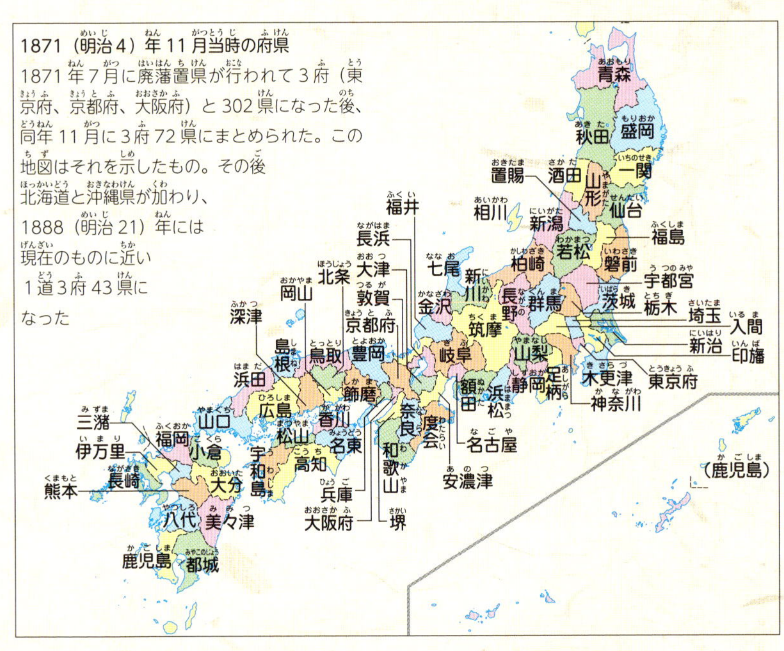

1871（明治4）年11月当時の府県
1871年7月に廃藩置県が行われて3府（東京府、京都府、大阪府）と302県になった後、同年11月に3府72県にまとめられた。この地図はそれを示したもの。その後北海道と沖縄県が加わり、1888（明治21）年には現在のものに近い1道3府43県になった

②古い身分制度を廃止

江戸時代には、武士を上位とし、百姓や町人を下位とする厳しい身分制度がありました。

明治政府はこれを改め、*皇族以外はすべて平等であるとしました。身分に関係なくだれとでも結婚できるようになり、職業選択の自由も認められました。だれもが名字を名乗るようになったのもこの時からです。こうした政策を「四民平等」といいます。

*明治政府は天皇の一族は皇族、もとの公家・大名は華族、武士などは士族、それ以外の人は平民とした

もの知りコラム
「解放令」は出されたけれど……根強く続いた差別

江戸時代には、「えた」「ひにん」という身分制度の外に置かれた人々がいて、厳しい差別を受けていました。

明治政府は1871（明治4）年に、こうした呼び名を廃止し、身分も職業も平民と同じにしました。いわゆる「解放令」です。しかし、多くの面で差別が続いたため、差別からの解放と生活の向上を求める運動が起こりました。

もの知りコラム
アメリカやヨーロッパとの国力の差を実感 世界を見てきた岩倉使節団

1871（明治4）年、岩倉具視を特命全権大使とする、木戸孝允（桂小五郎）、大久保利通、伊藤博文らの使節がアメリカとヨーロッパに派遣されました。この時にアメリカやヨーロッパの国々の進んだ議会や工場、病院などの様子を見て、日本との差を実感したことが、帰国後に国内の改革を進めるきっかけとなりました。

明治時代のキーパーソン 1
岩倉使節団の特命全権大使
岩倉具視

★生没年 1825～1883年
江戸、明治時代の公家・政治家。江戸幕府を倒すのに貢献し、明治政府でも岩倉使節団を率いるなど、力を発揮した。

国立国会図書館ＨＰから

3章
時計泥棒を追え！

ドーーン
食べ物を粗末にしちゃダメ！
今のセリフ……どこかで聞いた気が……

や…やられた…
こっ……このニオイもどこかで……
イオウのカオリ…

おまえ！
ノブだな!?
え?
オッサン
ノブのこと
知ってんの?
シュンと
ユイ！
え?
オレたちのことも?
なに
オレたち
有名人?
ハッ!
もしかして
あなたは――…

テル!?
テルについてもっと知りたい人は「幕末へタイムワープ」を読んでね！
すっかりオッサンになっちゃって……
あら～
当たり前だ！あれから20年ほどたったのだぞ！
シュンったら…
Nob
S

20年!?
そうか!
前にテルに会ったのは
私たちが最初に
タイムワープした
江戸時代の終わり頃……
じゃあ今は それから
20年ぐらい後の
明治時代半ばなのね!
そ〜〜っ
そういえば
んー?
20年もたつのに
おまえたちはちっとも
大きくなってないな
そ……
それは
ははは
まあ いいか
あの頃もおまえたちは
ふしぎな子どもだったからな!
また会えてうれしいぜ
オレも
うれしいぜ
ボクも
待ちな!
コソドロめ!
ダッ

おっと
あぶねえ
スカッ
ふりっ
あ
牛鍋食って
懐中時計のお土産も
ちょうだいして……
今日はいい日だぜ
ぺん ぺん
あばよっ
ヒャッホー
タンッ
わー 食い逃げだー!!
しまった
待て!!
Nob
S

鍋 牛
どこだ!?
ちぐじょー逃げられた~
これ……
あいつじゃない?
手配書
鼠小僧
三世

そうだ！ 間違いない!!

鼠小僧三世だと!?

こいつは全然違うわね！

私たちみたいにかわいくてカレンな子どもたちからも盗むなんて!!

自分でかわいいとか言ってるし

カレンだって

ププ

ともかく！
鼠小僧三世を見つけないと!!

そうだよなっ！
卵代べんしょうしてもらわないとなっ！
うん

ってゆーか！
懐中時計を取り戻さないと 元の世界に帰れないでしょ!?
わかってんの？ アンタたち！
わ…わかってる わかってる…
だよねー…

店にこんなものが落ちていたが
……
さっきのやつが落としたものみたいだぞ

これは――
東京・新橋から神奈川・横浜までの鉄道の切符だ！
まぁ
きっと まだ落としたことに気づいてないわよ
この時代の鉄道の切符ってすごく高いのよ
うん
……ということは――

泥棒さんを見つけて切符を届けてあげないとね！
お人よしか!!
何言ってんのよノブ！
そうだよ！
あっちがった？
落とし物は交番に届けるんだよっ
マジメか!!
そか！
あーもー
そうじゃなくてこれは鼠小僧三世を捜す手がかりなんだから—
んー…
えーと…
汽車に乗るために新橋駅に向かったかもしれないな
それっ！
ほー
なーる

じゃ 早く新橋駅に行こうぜ!!
でも もう追いつかないんじゃあ……
大丈夫! 次の汽車まで まだ30分ある!
よし!
タッ
待て! シュン
なんだよぅ 早くしないとにげられちゃうよ
アレに乗ろう

何これ!? かっけぇぇ
ウヒョー
新橋行きの鉄道馬車だ
急ぎましょ
待ってろ!! 鼠小僧!!
パカッ パカッ パカッ
――って遅っ!!
はやっ

「文明開化」の花が咲いた！

① 近代化による生活の変化

明治政府の近代化を目指した政策により、アメリカやヨーロッパの国々の文化が盛んに取り入れられ、これまでの生活が変わり始めました。これを「文明開化」といいます。

街では役所や学校などに洋風の建築が増え、石油ランプやガス灯がつけられ、人力車や馬車が走りました。また、洋服やコート、帽子が流行し、牛肉を食べるようになりました。

明治時代のキーパーソン 2

『学問のすゝめ』がベストセラーに

福沢諭吉

★生没年 1835～1901年
江戸、明治時代の思想家・教育者。「天は人の上に人を造らず……」で有名な『学問のすゝめ』はベストセラーに。慶應義塾大学の創設者。

国立国会図書館ＨＰから

もの知りコラム

だれでも教育が受けられる！
小学校の始まり

明治政府は、近代化を進めるためには人々に学問を身につけさせることが必要だと考え、1872（明治5）年、「学制」を公布して、6歳以上の男女が身分に関係なく学校に通い、学問を受けることを定めました。これにより、全国に小学校がつくられました。

学校の建設費や授業料は地元の人々が払わないといけなかったため、最初は入学する生徒はあまり多くありませんでした。しかし、明治時代末には9割以上の子どもたちが小学校に通うようになりました。

明治時代初期の小学校の授業風景

生徒が先生のほうを向いて並んで座る授業スタイルは、ヨーロッパのやり方を取り入れて、明治時代初期に始まった。教科書でなく掛け図を使っているのも特徴だ

玉川大学教育博物館蔵

日本最初の西洋式ホテル「築地ホテル館」を描いた錦絵

馬車、ガス灯など、新しい文化が流行している様子がうかがえる。和服やマゲ姿の人もいれば、洋装の人もいる。ホテルの中ではフランス料理がいち早く提供されていた

国立国会図書館ＨＰから

4章 鉄道で大捕物

鉄道馬車って
レールの上を
走るのね

カパッ
カパッ
カパ
幕末の頃とは
街の景色がずいぶん
違うわね
明治時代になって
西洋の文明がどんどん
入ってきたからな
そういえば テルも
前は着物を着てたのに
今は洋服だなっ
あ!
自転車だ

カパ
コホン…
私は今では
ある有名な政治家の
秘書を務めているのだ
へえ！
たいしたものね！
あんな泣き虫が
ねー
うるさい！
私は桂先生や西郷さんと
力を合わせて
新しい明治の世の中をつくる
ために力をつくしたのだぞ
桂先生って……
あの……
あっ
しつれい
おならの
臭い……
西郷さんと——
ということは……

あんなに仲が悪かったのに
*長州藩と薩摩藩は
手を組んだのね！
長州藩
薩摩藩
くわしく知りたい人は
「幕末へタイムワープ」
を読んでね！
ああ そうだ！
龍馬さんの
力ぞえもあってな！
＊長州藩は今の山口県、薩摩藩は今の鹿児島県
そうだったんだ！
私は桂先生たちと
一緒に
欧米の
先進諸国を
見て回った
いやぁ
世界は
広かった！

そして そこで学んだことを
生かして
新しい日本の国づくりに
取り組んでいるのだ!
あんな
泣き虫が
桂先生も高杉先生も
西郷さんも龍馬さんも……
もう亡くなって
しまったけどね
しかし!
そうだったのね……
私は桂先生たちの
思いを受け継いで
日本をさらに
いい国にするために
今とても大切な……
パカラッ
ヒヒ
おっ 着いた
みたいだぜ
カパラ
話はまた
後でね
カパラ

ワイ
ワイ
わあ
人がいっぱい！
どうやって捜せばいいの!?
エッホ
エッホ
シュン!?

あっ
いたぁ!!
ゲッ

待てっ
ドガッ
ちっ
しまった
ああっ
弁当が！
どけいっ
あっ
がんっ
ダッ
えー
べんと～
べんと～
おにぎりも
あるよ～
はしっ

ありがとう
お礼に
1つどうぞ
ありがとと！
うまいっ！
ひとつよ！
ぴょん
まてぇ!!
あっ
コラ
うるせー
ばっ
あっあっ
おいっ
待てぇ
ダダ
ゴメンナサイ
後で！
ダダダダダ
スマンな！
後で払うから
テル様！
しっ……失礼しました
どうぞ！

ぱっ
逃がさないぞ！鼠小僧!!
ピーッ
発車しまーす
シューッ
シュッシュ
ちっ しつこい坊主だなっ
ガタン
ガタン
ゴトン
仕方ねぇ
ガタトン
ガトッ
バッ
あばよっ
逃がすかーっ
がばっ

わーバカバカ
あぶねえーつぅの!
離せ――っ!!
ガタン
離すもんかっっ
ガタン
ゴトン
シュシュ
シュシュ
トンネルだ
ガタン
ゴトン
シュシュシュ
抜けたっ
ゴトン
ケホ
ケホ
ゴトン
そーかい
そういう
覚悟なら
……
タンッ
ずるっ
あっ
おまえも一緒に
落ちるかい!?
シュン!!

すぽっ
ノブ
頼んだぞっ
ふぬううう

ど
だ
たぁぁ
覚えてろ！
ゴトン ゴトン
くっそー 逃げられたっ
あとちょっとだったのに～～
待てー 鼠小僧～!!
がばっ
シュン！ あぶないぞっ
あっ
まって!!

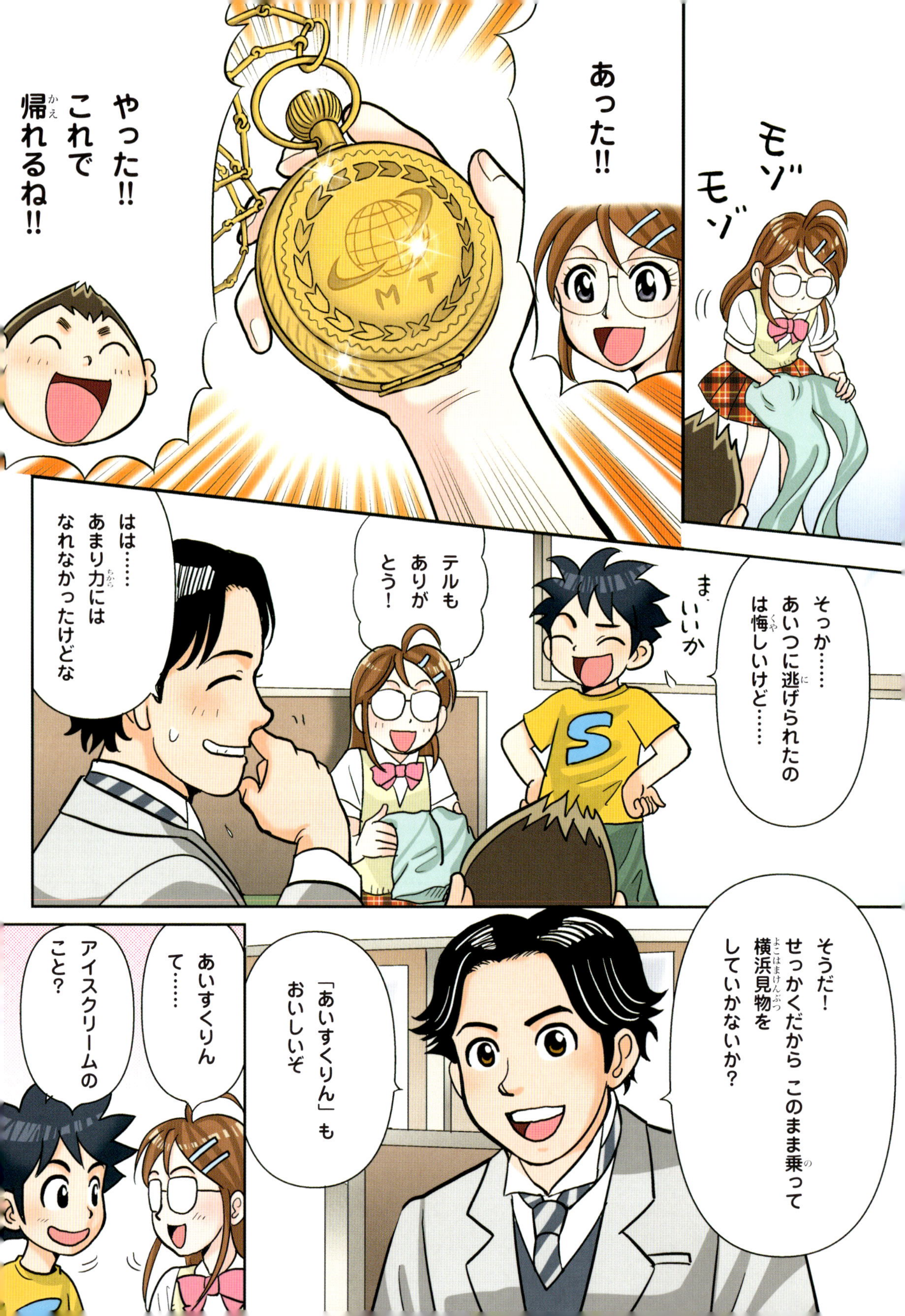
モゾ
モゾ
あった!!
やった!!
これで
帰れるね!!
そっか……
あいつに逃げられたのは悔しいけど……
ま、いいか
テルもありがとう!
はは……
あまり力にはなれなかったけどな
そうだ!
せっかくだから このまま乗って
横浜見物をしていかないか?
「あいすくりん」も
おいしいぞ
あいすくりんて……
アイスクリームのこと?

もちろん
行くよっ!!
――横浜・馬車道通り
うまーーーっ
東京に戻る前に
ちょっと寄り道をしよう
おまえたちをスゴイ人に
会わせてやるよ
スゴイ人?
だれ?

「富国強兵」で欧米に追いつけ！

①「殖産興業」で産業育成

明治政府は、アメリカやヨーロッパの国々に対抗するため、国を豊かにし、軍隊を強くすることを目指しました。これを「富国強兵」といいます。

国を豊かにするための政策のひとつが、国内に近代産業を興して育てる「殖産興業」です。富岡製糸場（群馬県）などの工場を国の費用でつくったり、博覧会を開いたりして、新技術の開発や普及をはかり、近代産業を育てていきました。

明治時代のキーパーソン 3

富岡製糸場の建設を指揮した

渋沢栄一

★生没年 1840～1931 年

明治政府の役人として富岡製糸場の建設などに取り組み、退職後は多くの企業をつくって近代産業を育てた。

国立国会図書館ＨＰから

写真：朝日新聞社

富岡製糸場

1872（明治５）年、群馬県の富岡に明治政府によってつくられた官営模範工場。当時、生糸は日本の重要な輸出品で、最新の大規模工場の建設によって品質と生産力が向上した。当時の工場の姿は今も保存され、世界文化遺産に登録されている

富岡製糸場を描いた錦絵　国立国会図書館ＨＰから

②国民から兵士を集める「徴兵令」

江戸時代、鉄砲や刀を持って戦うのは武士の仕事でした。しかし、明治政府は武士に頼らず、欧米諸国にならい、近代的な軍隊をつくろうと考えました。

そこで、1873（明治6）年、「徴兵令」を出して、全国から20歳以上の男子を兵士として集め、軍隊をつくりました。

男の人はみんな兵士になる検査を受けたんだな

もの知りコラム

「地租改正」で
国に納めるのは米から現金に！

江戸時代までの税は、その年の収穫高に応じて主に米で納めていました。しかし、明治政府は、国の収入を安定させるために、毎年、土地に対して決まった額を現金で納めさせることにしました。この税制改革を「地租改正」といいます。

しかし、税の重さは江戸時代と変わらないうえ、不作でも同じ金額の税を納めなければならないため、不満を持った農民の一揆が各地で発生しました。

もの知りコラム

交通・通信の発達
鉄道、郵便の始まり

経済の発展に欠かせない交通・通信部門の整備も進められました。鉄道の開業、汽船の運航が始まり、郵便制度が整えられました。

1号機関車

イギリスから輸入された日本初の蒸気機関車。1872（明治5）年、新橋～横浜間で開業した日本初の鉄道で走った

鉄道博物館蔵

黒塗柱箱

1872（明治5）年から設置された黒ポスト。赤くて丸いポストは1901（明治34）年から

郵政博物館蔵

5章 総理大臣に会っちゃった！

トタタタタ
はっ 速いわ
食べ物を追う時のノブはスゲーぜ
ピタッ
くんくん
ここか!? この部屋か!? うまいもんは?
スーッ
この若造が!
ヒューン
サッ
ふがっ
ポムッ
総理! ものを投げちゃいけないよ!
落ち着いて!
え?
総理……!?

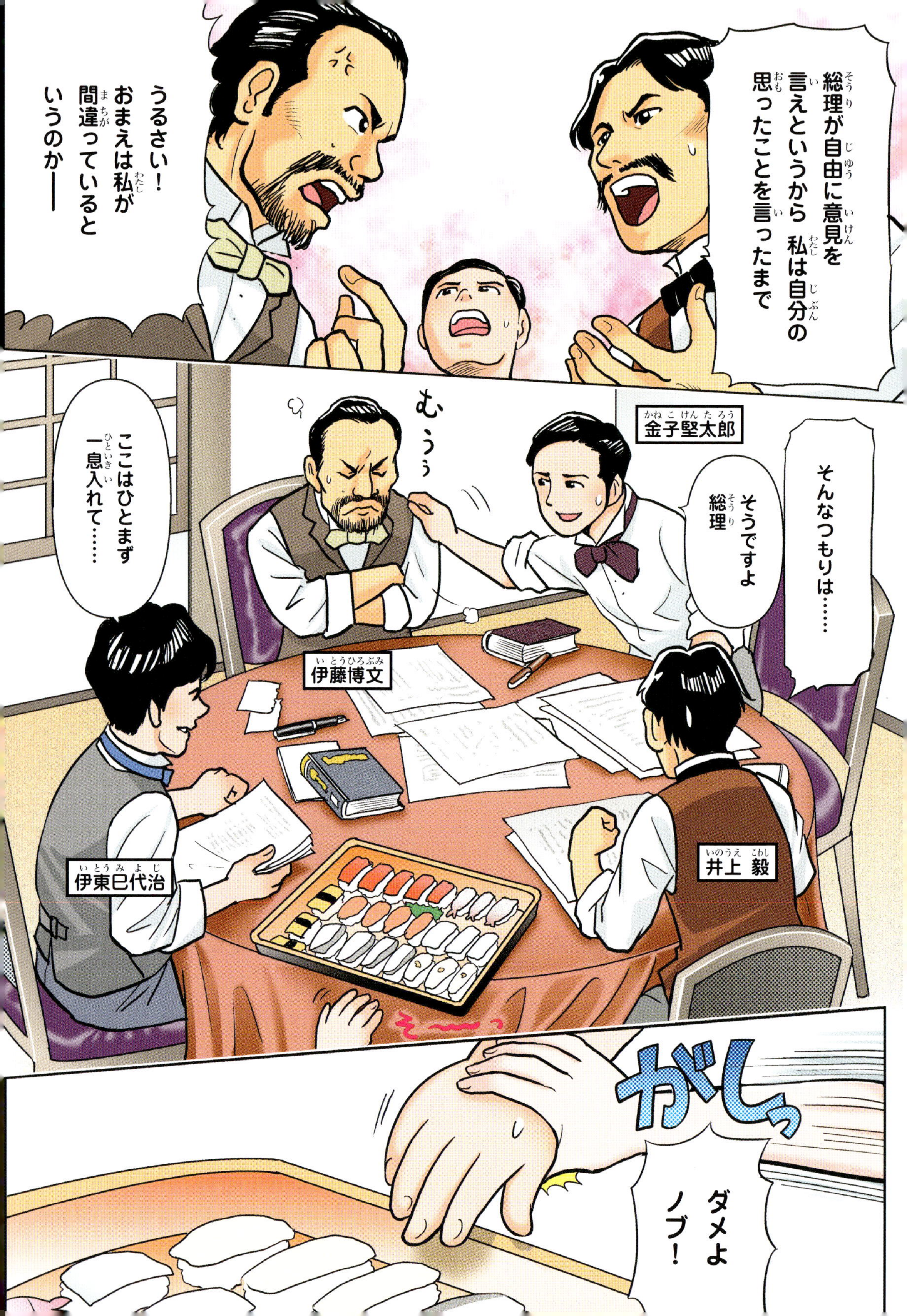
総理が自由に意見を言えというから　私は自分の思ったことを言ったまで
うるさい！おまえは私が間違っているというのか――
金子堅太郎
むぅぅ
そんなつもりは……
そうですよ総理
ここはひとまず一息入れて……
伊藤博文
井上　毅
伊東巳代治
そ～～っ
がしっ
ダメよノブ！

ガタッ
だって～
おなか すいちゃったんだもん
だっ…
だれだ!?
おまえらは!?
あの……その
怪しい者では……
早く食べないと
おいしくなくなっちゃいますよ
だとしたら ただで
帰すわけにはいかないいな
ぬぉう
まさか――
憲法草案＊を
盗みにきたのか？
そっ……
そんなことは決して
……
＊草案＝原案

ダッ
お待ちください！
この者たちは私が連れてきたのです怪しい者ではありません！
なんだ
テル！おまえが連れてきたのか？
テル もしかして私たちに会わせたいスゴイ人って……
そう この方は――
総理大臣の伊藤博文閣下だ！

そ……そうじ大臣!?
そんなにキレイ好きなのか!?
あっ ここにホコリ発見!
つぃっ
そ・う・り・大臣っ!政治を行う内閣のトップ!!伊藤博文といえば 日本の初代総理大臣なのよっ!!
し……知ってるよぅ
ちょっとボケただけで…
やだなぁ
知らなかった……
はっはっは、すまんな つい熱くなってしまってな
ちょうど一息つくところだから一緒に料理でも——
モシャ
モシャ
モシャ…
おいし～
ん?
もう食べてるのね…

はっはっはっ
いやいや 豪快な食べっぷりだな
ホントにゴメンナサイ……ちょっと目を離すとコレだから……
ゴメンナサイ～
だってあんまりおいしそうだから～……
そうであろう？
Nob
この東屋の魚料理は絶品なのだ！
ワハハ
ちなみに ココの女性はべ・っ・ぴ・んなのだ
え!?
おかげで 憲法草案の作成もはかどるというものよ
あ 酒はもっとはかどっとるがな
どわっははははは
でも 驚いたわ テルが総理大臣の秘書をしてるなんて！
そうそう あの泣き虫が
どん
イテ
そうだろう？

伊藤総理は　私や桂先生　高杉先生と同じ長州藩出身なのだ
そういう縁もあって目をかけていただいているのだ
テルはよく気がつくやつだぞ
はて？
おまえの顔どこかで見たことあるような……
気がつかれましたか！
ノブは四国艦隊が下関の砲台を襲った時に――
お――っ
砲弾で焼けた小屋の中のオニギリを守るとわめいていた……
オジサン！あそこにいたの!?

いたとも！あれから桂さんや西郷さんと力を合わせて江戸幕府を倒し明治政府をつくった！
それから政治のしくみは変わり西洋の文明が入ってきて人々の暮らしは豊かになった
たしかに変わったわね……
うん うん
しかし……足りないものがある
何ですか？
憲法だ

ケンポーなら
オレも習ってたぜ
トリャー
それは
拳法でしょ
そうじゃなくて
憲法！
国のあり方を決め
すべての法律の基になる
もの……ですよね？
そのとおり!!
私は日本初の憲法の草案を
今まさにつくっているのだ
この3人と
一緒にな!!
われら
憲法作成隊!!
カッケー!!
なんかスゲーよ
オジサンたち!!
よく
わかんない
けどえらいこと
なんだろ？
オレもケンポー
知らないわけじゃないし
仲間に入れてよ
だから
ケンポウ
ちがい
だってば

コトン
ほらー 大切な時計が落ちちゃったじゃない
ハッ
そんなに大切なものならこのカバンに入れておくといい
これには大切な憲法草案も入っているからな
うむっ それがいいなくしたら一大事なのだろう?
そ……そうですか
じゃあ…
ニヤリ…
さぁ 今夜は徹夜で語り明かそうではないか!
ハハハハハ

翌朝
ない……
ないっ！
ない〜!!
なんだ 朝から？……ごちそうなら昨夜食べつくしてしまったからなくて当然……
ないっ!!
違います！カバンがないんです！憲法草案の入った大事なカバンが!!
なにいぃ!?
たぶん 何者かに盗まれたものと……
そっ……そっ それじゃあ私たちの懐中時計も一緒に盗まれたってこと!?
ええ——っ!?
プ

没落した士族と西南戦争

① 仕事を失った士族たち

藩が廃止され、徴兵制で国民から兵士を集めるようになったことで、武士（士族）は仕事を失いました。失業した士族が政府からもらっていた給料も1876（明治9）年には廃止され、「廃刀令」も出されて刀を差して歩くことが禁止されました。こうして特権を失った士族の間には不満がたまっていったのです。

もの知りコラム

店を開いてみたけれど……
士族の商法

食べ物や古道具を扱う商売を始めた士族もいましたが、頭を下げることが苦手で、お金のやりくりも慣れていないのでうまくいかず、失敗した人がたくさんいました。このため、急に慣れない商売を始めて失敗するたとえとして「士族の商法」という言葉が生まれました。

牛鍋の店のオジサンみたいな人がたくさんいたんだな

明治時代のキーパーソン 4

西南戦争で士族たちを率いた
西郷隆盛

★生没年 1828～1877年
薩摩藩（鹿児島県）の藩士で明治維新の立役者。明治政府を離れた後、西南戦争では不満を持つ士族のリーダーとして戦い、敗れた。

国立国会図書館ＨＰから

② 西南戦争で政府軍が士族に勝利

不満を持った士族たちは、各地で反乱を起こすようになりました。最も大きな反乱が、1877（明治10）年に鹿児島県の士族を中心に起きた西南戦争です。不満を持つ士族に同情的だった西郷隆盛がリーダーとなり戦いましたが、明治政府軍に敗れ、以後、士族の反乱はなくなりました。

もの知りコラム

じつは火星の大接近
西郷さんは星になった！

西南戦争のリーダーの西郷隆盛は、とても人気がありました。西郷が亡くなった年、空に大きくて明るい星が現れました。じつは火星の大接近だったのですが、人々は、「あの星は西郷さんだ！」とウワサしました。

西郷星を描いた錦絵
こうした錦絵が何種類もつくられた
鹿児島県立図書館蔵

西南戦争を描いた錦絵
右が反乱を起こした士族たち、左が明治政府軍。士族たちは寄せ集めで、武器も古いものが多かった。一方、明治政府軍は最新式の武器をそろえたが、徴兵された農民が中心で、弱かった　国立国会図書館ＨＰから

明治時代のキーパーソン 5

明治政府の中心人物
大久保利通

★生没年 1830～1878年
幼なじみの西郷隆盛らと明治維新を成しとげた明治政府の中心人物。西郷とは後に対立し、西南戦争では敵味方に分かれた。

国立国会図書館ＨＰから

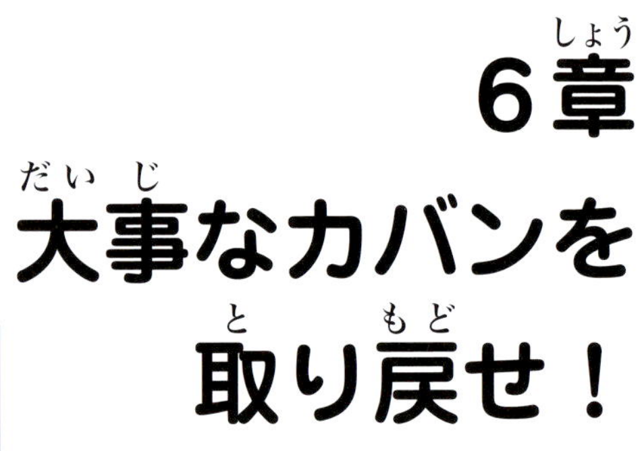

6章 大事なカバンを取り戻せ！

まずは現場周辺をくわしく調べて手がかりを捜すべきよ
おお～刑事ドラマみたいだなっ
──犯人はどこから入ってきたのか……ね
ろうかから入るふすまはここだけど──
ボク ここで寝てたよ
そうだ
だからオレトイレに行けなかったんだ！
あ～
テヘヘごめ～ん

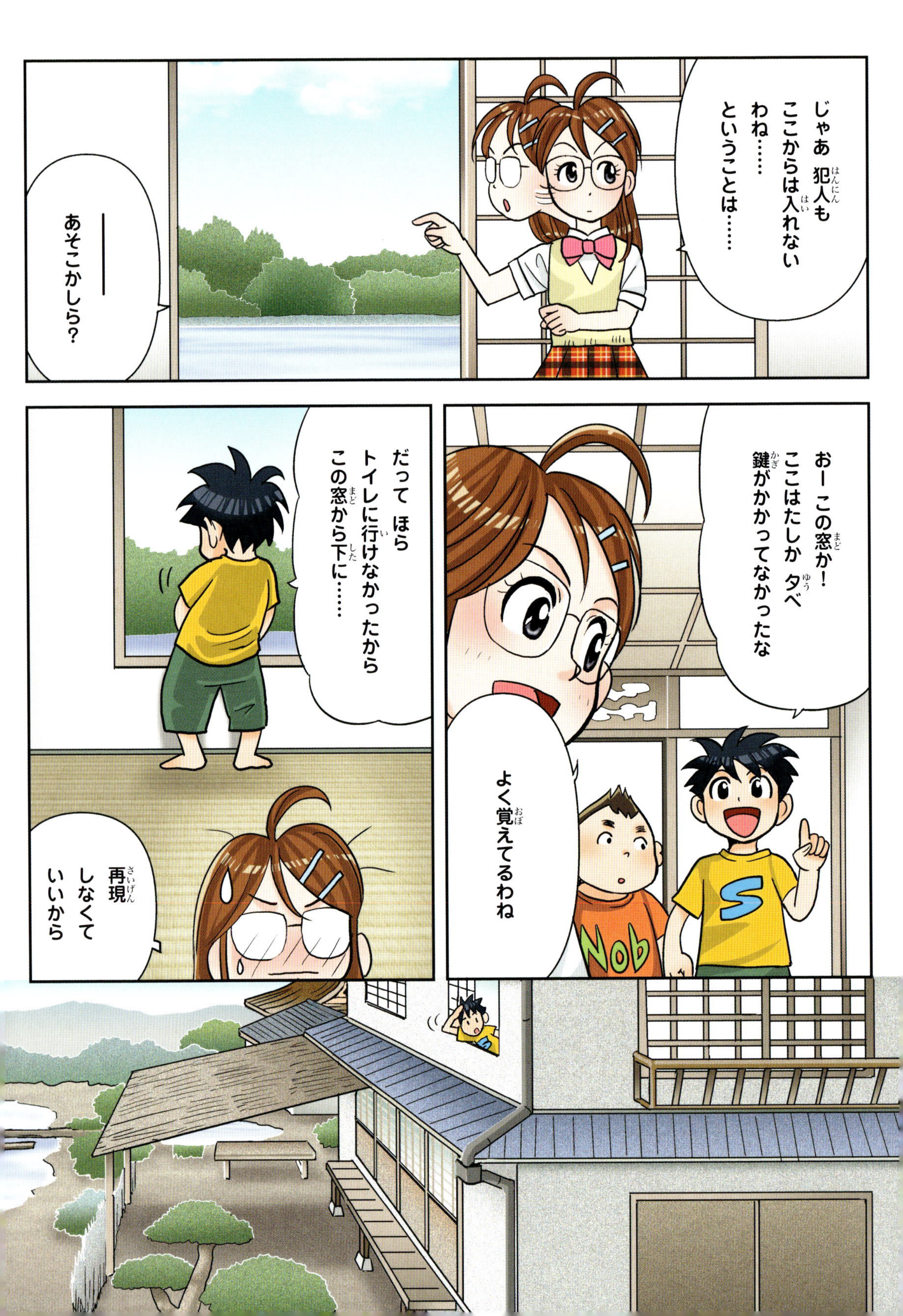
じゃあ　犯人も
ここからは入れない
わね……
ということは……
あそこかしら？
おー　この窓か！
ここはたしか　夕べ
鍵がかかってなかったな
よく覚えてるわね
だって　ほら
トイレに行けなかったから
この窓から下に……
再現
しなくて
いいから

ココ（雨どい）を伝っていけば庭と行き来できそうだぜ
じゃあ 庭で手がかりを捜しましょう
手がかり？どんな？
んー……この場合は足跡ね
足跡だなOK！
はや…
しゅるるる
どこだー カバーーン
え？
シュン!?

おっ！足跡見つけ！
よーし これを追いかければ犯人を捜せるんだな
逃がさないぜ泥棒め！
ダダッ
シュン！何か見つけた？
おー こっちこっち！
ばっちり見つけたぜ！犯人の足跡
でもなんかコイツ ずっと同じところをぐるぐる歩いてるんだよね
フシギなことに…
シュン……それ自分の足跡だから……
はぬ!?

──…
こっちのほうが怪しそうよ
!
コク
コク
こっちか!!
ドン
ササッ
スッ
おじゃましまーす

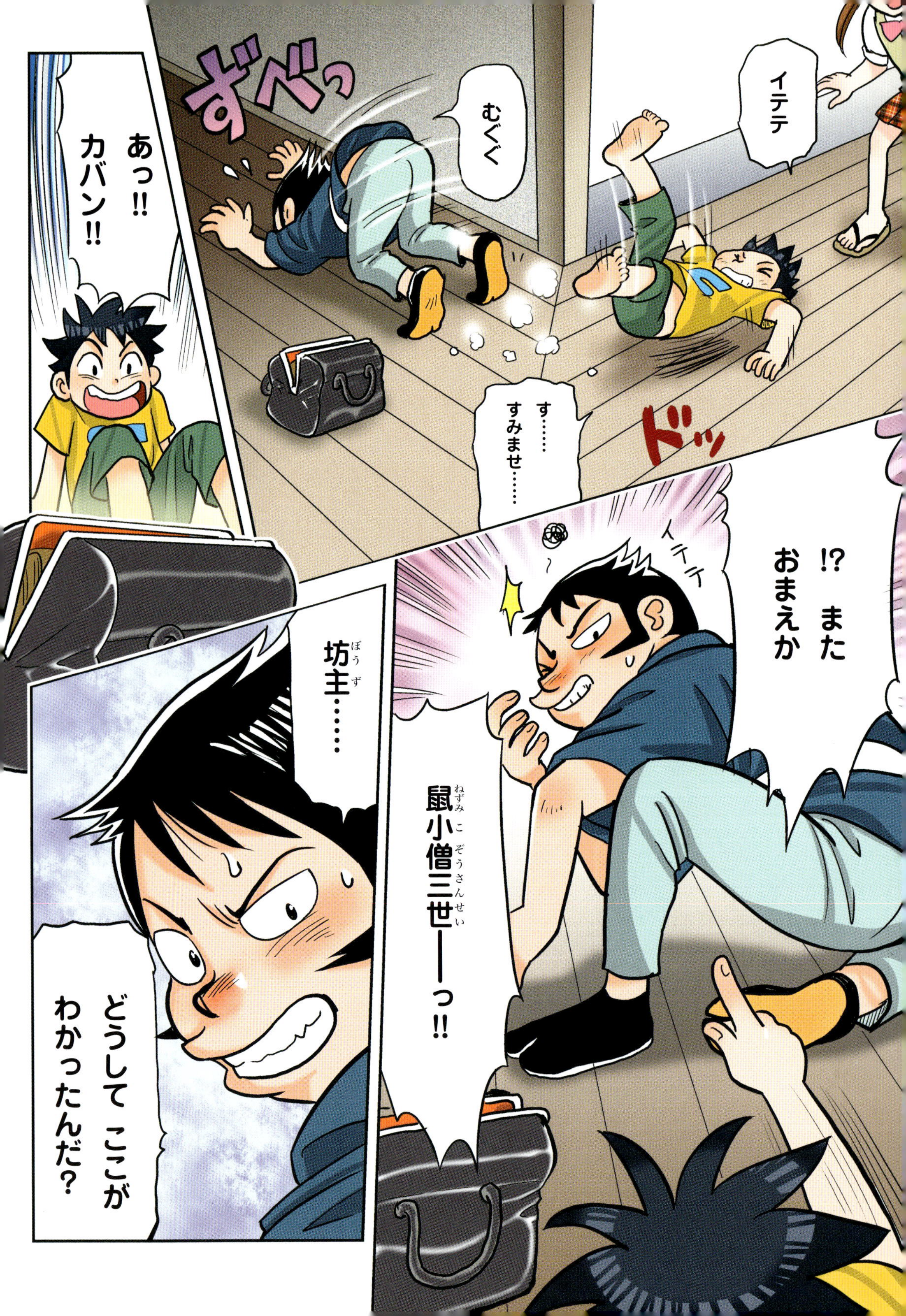

イテテ
むぐぐ
ずべっ
あっ!!
カバン!!
ドッ
す……
すみませ……
!? また
おまえか
イテテ
鼠小僧三世――っ!!
坊主……
どうして ここが
わかったんだ?

足跡をつけたのよ!!
何? オレがそんなヘマをしちまったのかっ!
ギクッ
さあ おとなしく お縄につきなさい!!
ユイ さては時代劇好きだろ……
そうカンタンにつかまってたまるかよ
ぴょん
ぴょん
どしん どしん どしん
ユラ
ユラ
わっ! よせ
わわっ

ふりゃあ
ガッ
ズザザザー
ゴン
ご……ごいづ
はっ……
離しやがれっ！
離すもんか!!

は・な・せって
言ってるだろ
――が！
ズズ
ギリギリ…
は・な・す・も・ん・
かって言ってる
だろ――
――が!!

うぬぬぬぬ～……
うおおお……

ぱっ
ちぇっ
どだっ
うわっ

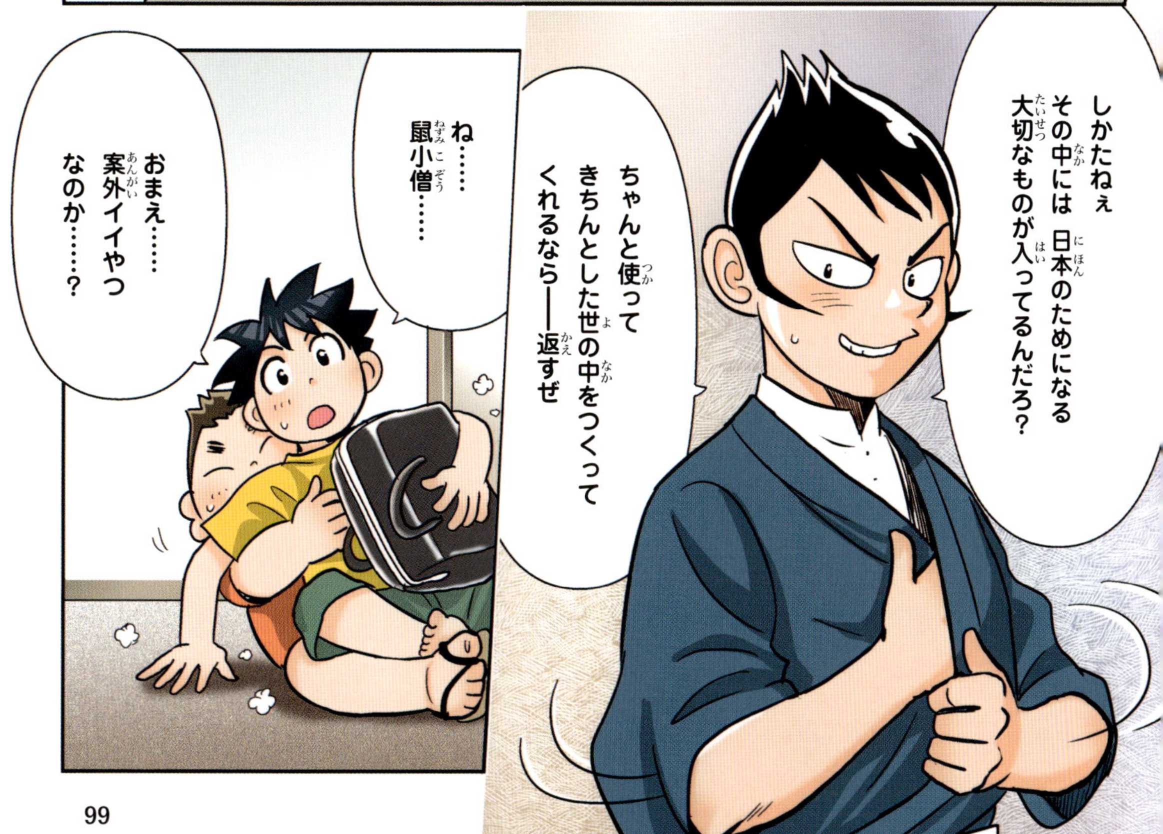
しかたねぇ その中には 日本のためになる 大切なものが入ってるんだろ？
ちゃんと使って きちんとした世の中をつくって くれるなら――返すぜ
ね……鼠小僧……
おまえ……案外イイやつなのか……？

なーーんて
ウッソで～い！
そんなこと知ったこっちゃねーやい
だぁあ

覚えてろよ！
いつか ぎゃふんと
言わせてやるからな！

なにを～
待て 鼠小僧！
今まで「ぎゃふん」なんて
言った人見たことないぞ
まぁまぁ
いいじゃないの
カバンは取り戻したんだから！

そうだな！
これで元の世界に
帰れるな
コロッ
そゆこと
かぱっ

ダダダ
泥棒はこっちかっ!!
ダダダダダ
カバンは見つかったか!?
うん――…カバンは取り戻したんだけど……
でかしたぞ
草案は!?憲法草案は無事なのか?

うおおおおおお
あった!!
あったぞ
憲法草案だ!!
!? おまえたち
どうしたんだ?
憲法草案は
あったけど……
……
なかったんだ

オレたちの懐中時計……
何だと!?
へへっ
ばっちり時計はいただいたぜ!
──それから……
こんないいもんもな……
ぱしっ

「自由民権運動」って何？

① 議会を開け！ 憲法をつくれ！

明治政府は、薩摩藩や長州藩の出身者を中心に、一部の人たちだけで政治を行っており、こうした藩閥政治に不満を持つ人がたくさんいました。彼らは、国民が政治に参加できるよう、議会（国会）を開き、憲法をつくることを求めました。これを「自由民権運動」といいます。

明治時代のキーパーソン 6

「自由民権運動」の指導者

板垣退助

★生没年 1837～1919年

土佐藩（高知県）出身の政治家。薩摩藩や長州藩中心の明治政府を批判して「自由民権運動」の中心人物となり、自由党をつくった。

国立国会図書館ＨＰから

演説会を描いた小説のさし絵

政府を批判する演説をやめさせようとする警察官（奥）。西南戦争以後、武力ではなく言葉で主張し、争う世の中へと変わっていった

東京大学法学部附属明治新聞雑誌文庫蔵

② 政府が議会を開くと約束

政府は自由民権運動を厳しく取り締まりました。しかし、やがて運動が広がって無視することができなくなり、1881（明治14）年に「国会開設の勅諭」を出し、1890（明治23）年に議会を開くことを約束しました。

議会の開設に備えて、同じ考えの人たちが集まって政党を結成し、藩閥政治に対抗しました。なかでも、板垣退助の自由党と、大隈重信の立憲改進党が二大政党となり、勢力を伸ばしていきました。

明治時代のキーパーソン 7

日本初の政党内閣の総理大臣

大隈重信

★生没年 1838～1922年
佐賀藩（佐賀県）出身の政治家。日本初の政党内閣（政党を中心とした内閣）の総理大臣になった。早稲田大学の創設者。

国立国会図書館ＨＰから

もの知りコラム

「自由民権運動」の歌 「オッペケペー節」大流行！

「自由民権運動」が広がるきっかけのひとつが、「オッペケペー節」という歌でした。自由民権の思想や政府への批判を歌ったもので、俳優で自由党のメンバーでもあった川上音二郎が広め、全国で大流行しました。

権利幸福
嫌ひな人に
自由湯をば
飲ましたい
オッペケペ
オッペケペ
オッペケペッポー
ペッポッポー
（歌詞の例）

川上音二郎像（福岡市）
現代のラップのようなリズムで人気を集めた

写真：朝日新聞社

7章

鹿鳴館へＧＯ！

すまない……
私がここへ連れてきたばっかりに
シュンがシュン…

いや……私がカバンに時計を入れたのがいけなかった……
スマン
うーん…
一緒に入ってたお金もなくなっているな

……もしや……
がばっ

やはり……アレもないな
はぁ～
アレとは何ですか？

招待券だよ
今夜鹿鳴館で行われる舞踏会のな

鹿鳴館!!!

六名缶？
六名
六目イカ？
鹿鳴館!!
明治時代のイケてるスポットよ
外国の人たちも招いて 華やかな舞踏会が行われる場所よ!!
わざとまちがえてるでしょ！

地位の高い人じゃないと入れないのさ
庶民にとってはあこがれの場所だ

みんな高価な宝石を身につけてやってくるぞ
料理も高級で舌がとろけるほどおいしいものばかりだ

じゃあ鹿鳴館に行こう!!
ずんっ
ノブはすぐ食べ物につられるな――
きっと鼠小僧はおいしい料理を食べに鹿鳴館に来るハズ!
へ? なんで??
私も……鼠小僧は鹿鳴館に来ると思うねらいは食べ物ではないがな
そうね! 高価な宝石をねらって来るわ! きっと!
そうだな……よし! 一緒に鼠小僧をつかまえにいこう!
テル! みんなが舞踏会に入れるよう手配してくれ!
衣しょうも用意してやってくれ!
わかりました!

カッカパ
カッカパカラ…
こっ……
着いたぞ……

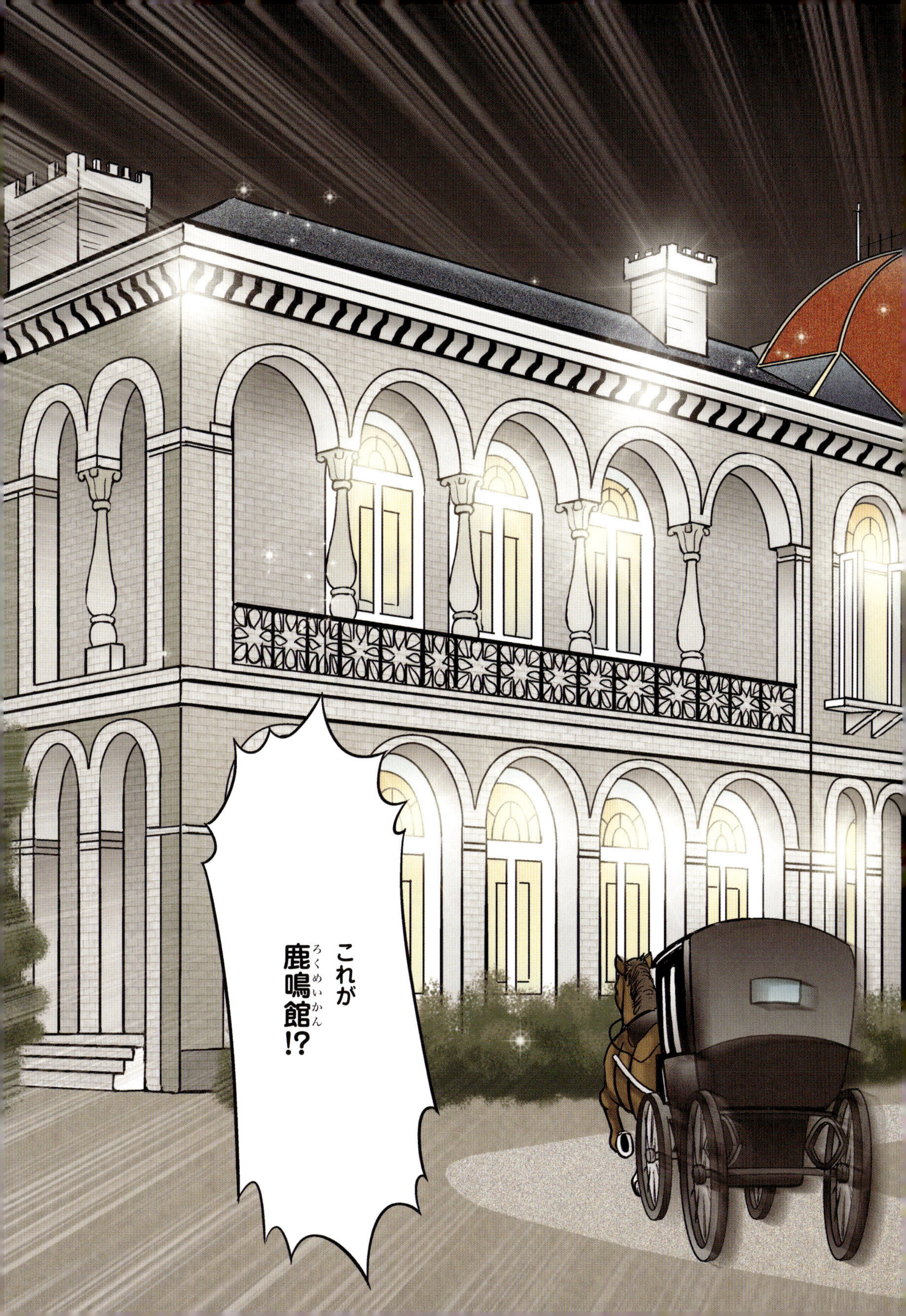
これが鹿鳴館(ろくめいかん)!?

ようこそ
いらっしゃいました
閣下――
わあっ
すてき!!
ノブはさっそく
食べ物を
見つけたよう
だな

ねえねえ
シュン！　ユイ！
アンパンがあった……
タタ
どんっ
うわっ
ドタッ
ヨロ
おっと
ちっ……あいつらまで
来やがったのか……
めんどうな……
はくぱく
あっこれ
おいしいな！
……

イテテテ
気をつけやがれっ!!
あー
骨折れたかも!
ごっ……ごめんね　オジサン
アンパンに
夢中になって　つい……
もーノブは
食べ物となると
まわりが見えなく
なるんだから…
オレからも謝るよ
ごめん　オジサ……
いーや!　許さないね!!
だいたい　ここは子どもの来る場所
じゃないんだよっ!
とっとと家に……
ん?
おや?

鼠小僧だ——!!
わわわ
ちくしょう
盗みはこれからが
本番だってのに——
手分けして
追いかけよう!!
ノブはそっち!
ラジャー
ユイは
こっち!
OK!
ドレスは
走りにくいわね

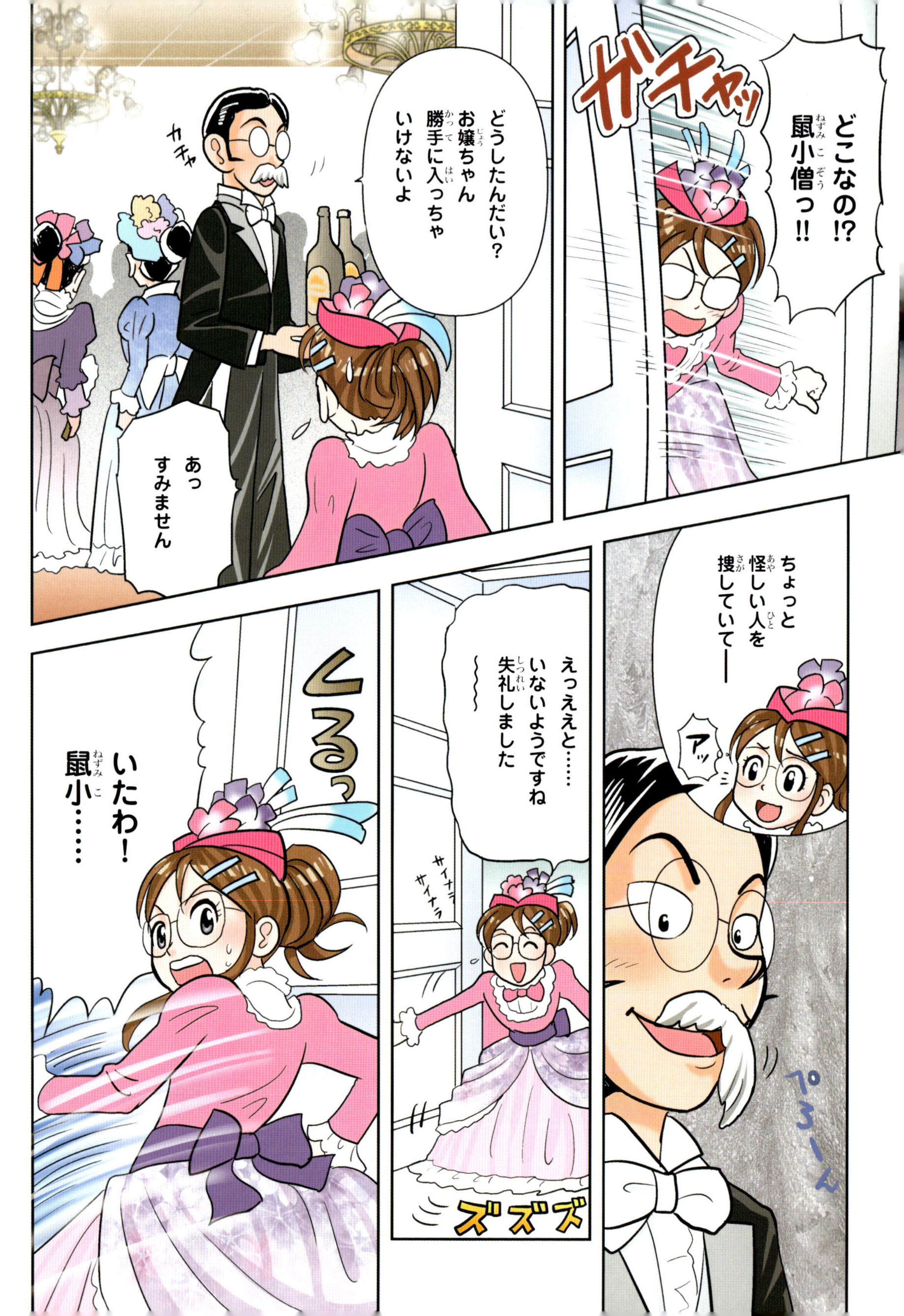
ガチャッ
どこなの!? 鼠小僧っ!!
カチャ
どうしたんだい? お嬢ちゃん 勝手に入っちゃ いけないよ
あっ すみません
ちょっと 怪しい人を 捜していて――
アッ
ぽろーん
えっええと…… いないようですね 失礼しました
サイナラ サイナラ
ズズズ
くるっ
いたわ! 鼠小……

おとなしくしな
逃げるまで一緒にいてもらうぜ――
ノブ！見つけた!?
ううんユイは？
ガチャ
あっ！ユイ
鼠小僧見つかっ……

ユイ!!
シュン!! ノブ!!
おっと 近づくんじゃねぇ
くっそー ヒキョウだぞ! 鼠小僧!! 早くユイを離して 盗んだ懐中時計を返して 自首して 反省して まっとうに生きろ ――
注文多いなっ!!
しかし それだけ こだわってるってことは この時計…… かなりの値打ちもんだな?
そうとわかりゃあ ますます 渡すわけにはいかねえな

あんパン…

い……いや
そんなに大事でもないよ……
なー、
うん
ウソつけ――!!

まさかあんパン投げないよね？投げたりしないよね？？
ジーーー
ゾクッ
ね？
いや… その… あの…
…はい…
くっそー……
どうしたらいいんだ!?
これは食べるもの！

不平等条約と鹿鳴館

①日本が結んだ不利な条約

江戸時代の終わりに幕府がアメリカやヨーロッパの国々と結んだ条約は、日本にとって不利なものでした。
外国からの輸入品にかける税金を自分で決める権利（関税自主権）がないので、外国の安い製品がどんどん入ってきて、日本の産業は大きな打撃を受けました。
また、外国人が日本国内で罪をおかしても、日本の法律では裁けませんでした（領事裁判権）。

外国の言うとおりに決まるなんておかしいよ！

自分たちで決めることができないといけないわ！

もの知りコラム

西洋人は全員無事、日本人は全員死亡……
ノルマントン号事件の悲劇

1886（明治19）年、和歌山県沖で、横浜から神戸へ向かっていたイギリスの貨物船・ノルマントン号が沈没しました。
この時、西洋人の乗組員は全員ボートに乗って助かりましたが、日本人の乗客は全員、おぼれて死んでしまいました。イギリス人の船長は、日本ではなくイギリスの領事に裁かれ、結局、軽い罪を受けただけでした。
また、賠償金も払われませんでした。
これをきっかけに、不平等条約の改正を求める声が高まりました。

ノルマントン号事件を描いた錦絵
イギリス人の船長は最初は無罪とされたため、国民から大きな非難が起こった
早稲田大学図書館蔵

②条約改正を目指して

不平等条約を改正するため、政府は使節団を派遣して交渉したほか、さまざまな試みを行いました。鹿鳴館で欧米の客を招いて舞踏会を行ったのも、その試みのひとつです。欧米の文化や生活様式などを積極的に取り入れ、文明国であることをアピールしようとしたのです。残念ながらこの試みはうまくいきませんでした。

しかし、1894（明治27）年、イギリスと交渉した外務大臣・陸奥宗光が、条約の一部を改正して領事裁判権をなくし、以後、ほかの国も続きました。

明治時代のキーパーソン 8

不平等条約の改正に貢献

陸奥宗光

★生没年 1844～1897年

紀州藩（和歌山・三重県）出身の政治家。外務大臣としてイギリスとの条約の一部改正を実現し、後に＊日清戦争の講和交渉も行った。

国立国会図書館ＨＰから

＊日清戦争（→172ページ）

舞踏会を描いた錦絵

連日、華やかに舞踏会や演奏会などが開かれたが、西洋のまねをしてご機嫌をとっていると批判する声も多かった

楊洲周延「貴顕舞踏の略図」 Photo：Kobe City Museum/DNPartcom

8章

鼠小僧の捨てゼリフ

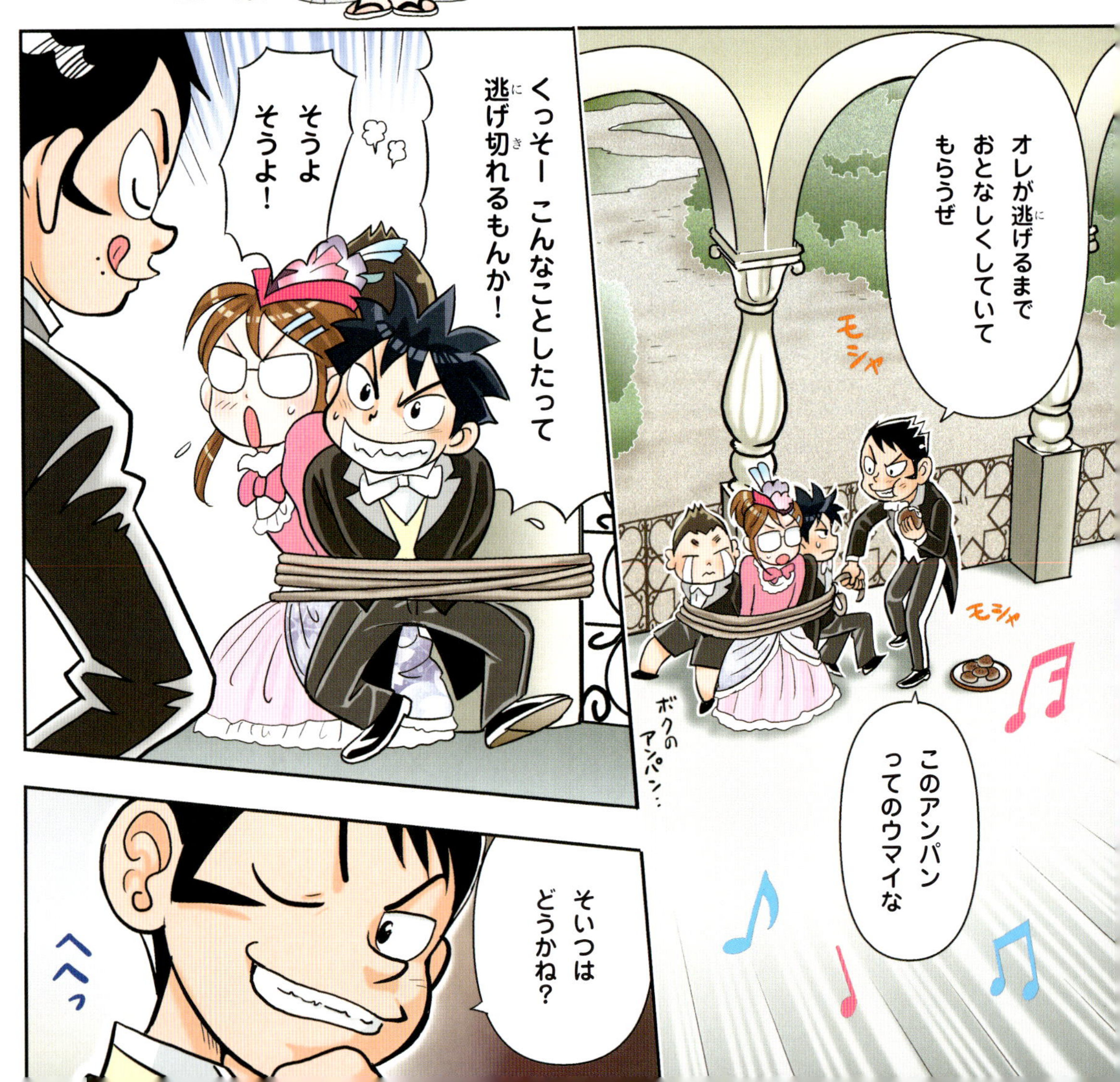

さっき いろいろと ちょうだいしてたらさ
外国の軍人さんが こーんなもん持ってたよ あぶないったらありゃしない
だからもらっておいたんだけど
ぴらっ
ピ…ピストル…
大丈夫 大丈夫 オレ様は心優しき 鼠小僧の3代目だ
子どもを撃つ ようなこたぁ しないさぁ
おとなしくしてればな
いいかげんにしねえかい 鼠小僧三世！
〜〜〜〜〜!!

もう逃げられっこねえ！
伊藤博文っ!!
素直に盗んだもの返してつかまりな！
べーっ
イヤなこった！
コイツ!!
ズキューン
伊藤さん 気をつけて鼠小僧はピストルを！

どうやら私を本気で怒らせたようだな……
今はワザと外したんだよ？次は腹に穴があくぜ～
スタッ
しっ！
そのピストルには見覚えがあるぞ
たしか フランス軍のピエールさんが持っていたもの……

さっき言っていたよ……
今日はうっかりして弾を1発しか入れてないんだ……ってね
え!?
ウソ!!マジ!?
ウソだよ!引っかかったな!
ああっ
ドガッ
ナイス!テル!!

むんずっ
?
くそっ
鼠小僧さん
ボクの——
うがーっ
アンパン
食べちゃったで
しょううう!!
いたそ〜
わわっ
ドダダン

ぐ〜
イテテ
くそっ！
ばんっ
あっ
さぁ オレたちの懐中時計を返せ！
ちぃ…
バッ
イヤだね！
待て！

ぐらん
返せー!!
階段に行ったぞ!
だだっ
ダッ
ダダッ
あっ
逃げてもムダだ!!
キキーーッ
つかまえたぞ鼠小僧
がしっ

さあ 盗んだものを出せ!!
しっ知らねーよ!!
ドムっ
なっ……何をする
出さないならこうしてやる!
ユサ
ユサ
ぐわっ
やめろっ
ポロ
ポロ
あっ
じゃら
じゃら
ゴトン!

あった!!
懐中時計!!
おおっ!
よかったな!
ん?
すぽっ
あっ
ドガガガガ
あー スマン
スマン

ハハハハハハハ
ちっ……ちくしょう
伊藤博文っ!!
覚えてろよっ!!
いつか おまえの「晴れ舞台」で
思いっきり恥を
かかせてやるからなー!!
……
晴れ舞台…？
あっ
逃げたっ!!
ピュー
ぴょん
ぴょん
ホント……
逃げ足
速いよな～
もう つかまえられないよ…

何はともあれ
よかったな！
時計を取り戻せて
はいっ！
ありがとう
オジサン！

テルも
ありがとう
これで おまえたちとも
お別れだな
また会えて
うれしかったぞ
あの泣き虫が
こんなに立派に
なるとはねー

そうそう！
こいつは泣き虫
だったな
ちょっ…
伊藤総理
まで……
もう！
プッ

ハハハ
ハハハ
さて——

そろそろ行くかテル！早く憲法草案をまとめねばな
どうもここは落ちつかなくていかん…
はい！
じゃあね！
さようならー
達者でなー
パカラッパカッパカラ
……………
？どうした？ユイ
おなかすいた？
さっき鼠小僧が言った言葉がなんか気になってー
おまえの晴れ舞台で恥をかかせてやる!!

ああ そういえば……
晴れ舞台って
何のことだろな？

それはきっと……
憲法発布の
日だわ！

ケンポー！
パ
ハッ！
伊藤さんたちが
草案をつくっている
大日本帝国憲法が
発表される日よ
「日本中お祭り騒ぎの中
伊藤博文らが起草＊した憲法を
明治天皇が披露した……」
って歴史の本に書いてあったわ
＊起草＝草案をつくること
……

そんなところで恥をかかされるなんて
こっこれは牛鍋屋のメニューではないか!!
ガーン
牛肉
ネギ
たまご
メニュー
牛鍋
ワハハ
やーい高すぎて登れないだろ〜
ワハハ
ご…ごちそうが多すぎて食べきれません…
やーい食べもの残すのかー?
ワハ
ゾクッ
ヒドイ…残すなんて…

でそのケンコウシップの日っていつなんだ?
おまえたち…
ケンポウハップ…
1889年2月11日よ!!

よし！　じゃあ その日にタイムワープ しようぜ！
鼠小僧をつかまえるんだ！
え!?
いいの？
うん!!
伊藤さんに恥はかかせられない!!
残さず食べてほしいもん
ノブ!?
えっと 今から 2年後ね
よし！　セットは これでOKの ハズよ
コク
パカッ
じゃ ノブ…… 頼むぜ
ヒュルルルルル

明治時代の生活をのぞいてみよう!

明治時代は、欧米の文化を取り入れて、世の中が大きく変わった時代です。人々の生活にどんな変化があったのか、当時の史料から見てみましょう。

ヘアスタイル

1872(明治5)年頃のさまざまな髪形
江戸時代の男性の髪形・チョンマゲは、欧米の人々にはとてもおかしく見えた。そこで政府は、チョンマゲを切って短くした髪形(ザンギリ頭)をすすめ、「ザンギリ頭をたたいてみれば、文明開化の音がする」と歌われるようにもなった。最初はなかなか広まらなかったが、明治の中頃にはチョンマゲ姿はあまり見られなくなった

石井研堂『明治事物起源』から
国立国会図書館蔵

食べる

「牛鍋」を食べる人
日本では江戸時代まで、牛肉を食べる習慣はほとんどなかった。しかし明治時代になると、鍋の材料として牛肉を使った「牛鍋」がヒットし、広まった。政府が日本人の体格向上のために推進したこともあり、「牛肉食わぬは開けぬやつ」ともいわれた

仮名垣魯文『安愚楽鍋』から
国立国会図書館蔵

買う

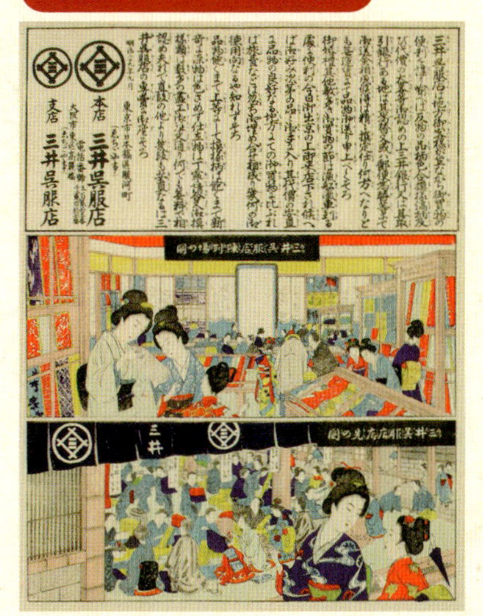

三井呉服店（現在の三越）のポスター

江戸時代までの商店は、店頭に品物はなく、店員が客の話を聞いて持ってくる「座売り」だった。しかし、三井呉服店が、このポスターの上の絵のように、品物を店頭に並べて客が自由に見られる「陳列方式」を始めて大好評となり、多くの店に広まった。三井呉服店は 1904（明治 37）年に日本初の百貨店（デパート）・三越呉服店となり、やがて次々と百貨店が誕生。百貨店はさまざまな商品を売り、展覧会なども行う、最先端の文化の発信基地になった

早稲田大学図書館蔵

遊ぶ

明治時代のおもちゃ「回転活動画」

明治時代には欧米のおもちゃも輸入された。これは、イギリスで発明された「回転活動画」で、「ゾートロープ」ともいい、回転させてスリットの間からのぞくと絵が動いて見える。日本では「回り灯籠」ともいわれた

兵庫県立歴史博物館蔵（入江コレクション）

デザート

家庭でアイスクリームをつくっている様子

日本初のアイスクリーム店は、1869（明治 2）年に横浜・馬車道通りにできた。当時の名前は「あいすくりん」。その後、各地で販売されるようになったものの、値段が高かったので、家庭でもつくられた。材料の砂糖、牛乳などを入れた茶筒を、氷と塩を詰めた桶に入れて回転させてつくったそうだ

村井弦斎『食道楽』から　国立国会図書館蔵

9章

憲法発布の式典へ！

ユラ
ユラ
また すごく細くなっちゃってー
ちゃんと憲法発布の日に着いたかな？
わざとまちがえてない？
……それガス灯だから……
んーと……
ワイワイ
とてちてしゃん
何かあったのかしら？
ワイ
ワイ
すっげえ騒ぎだなっ！

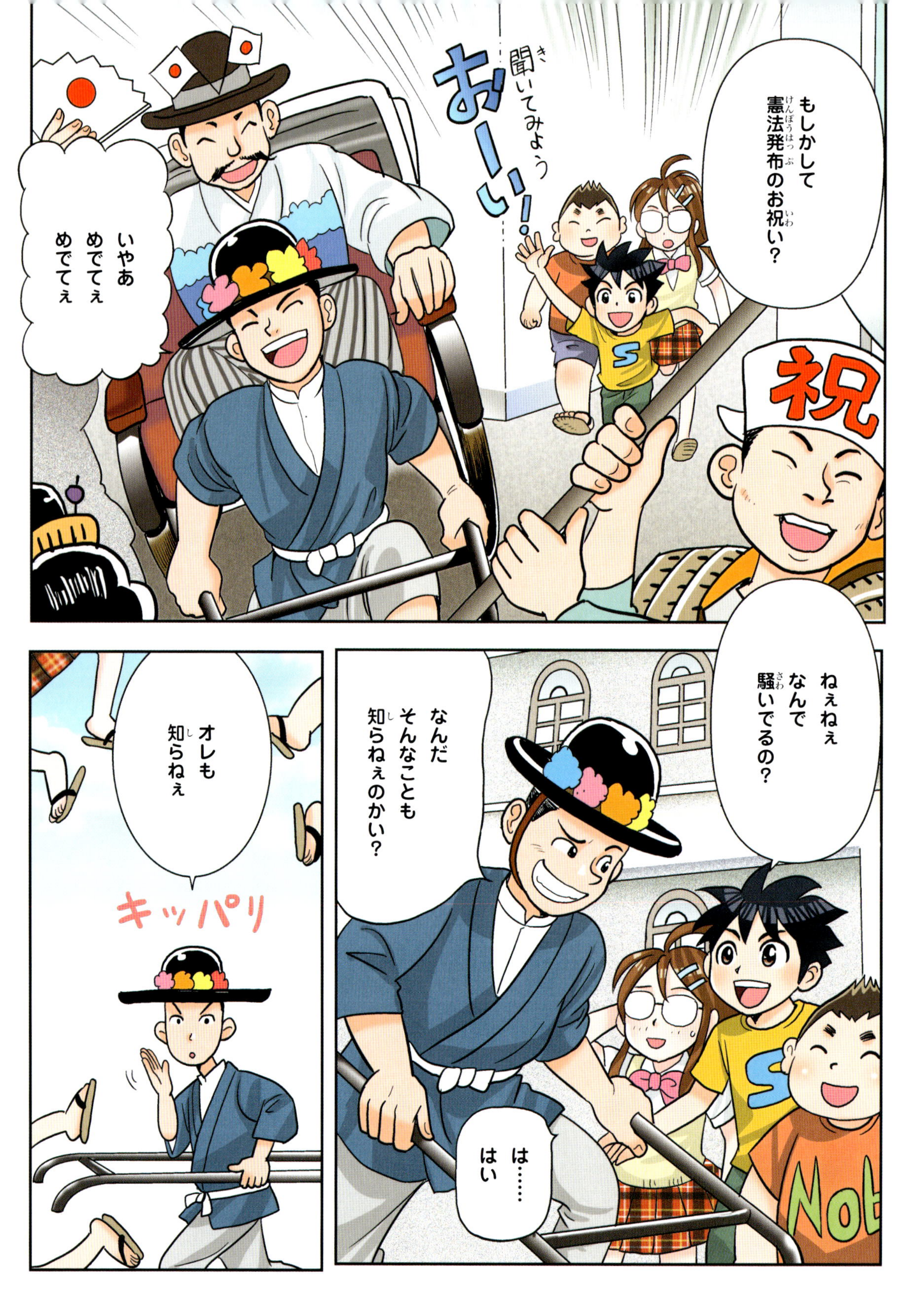
もしかして憲法発布のお祝い?
聞いてみよう
おーい!!
祝
いやあ めでてぇ めでてぇ
ねぇねぇ なんで 騒いでるの?
なんだ そんなことも 知らねぇのかい?
は…… はい
オレも 知らねぇ
キッパリ

とにかく めでてぇことが
あるってんだから
騒ごうじゃねーか!
な!
ア・ソレ
めでてぇや
めでてぇや
オッペケペーときたもんだ

なんだよ それ……
いいかげんなやつ
だなっ

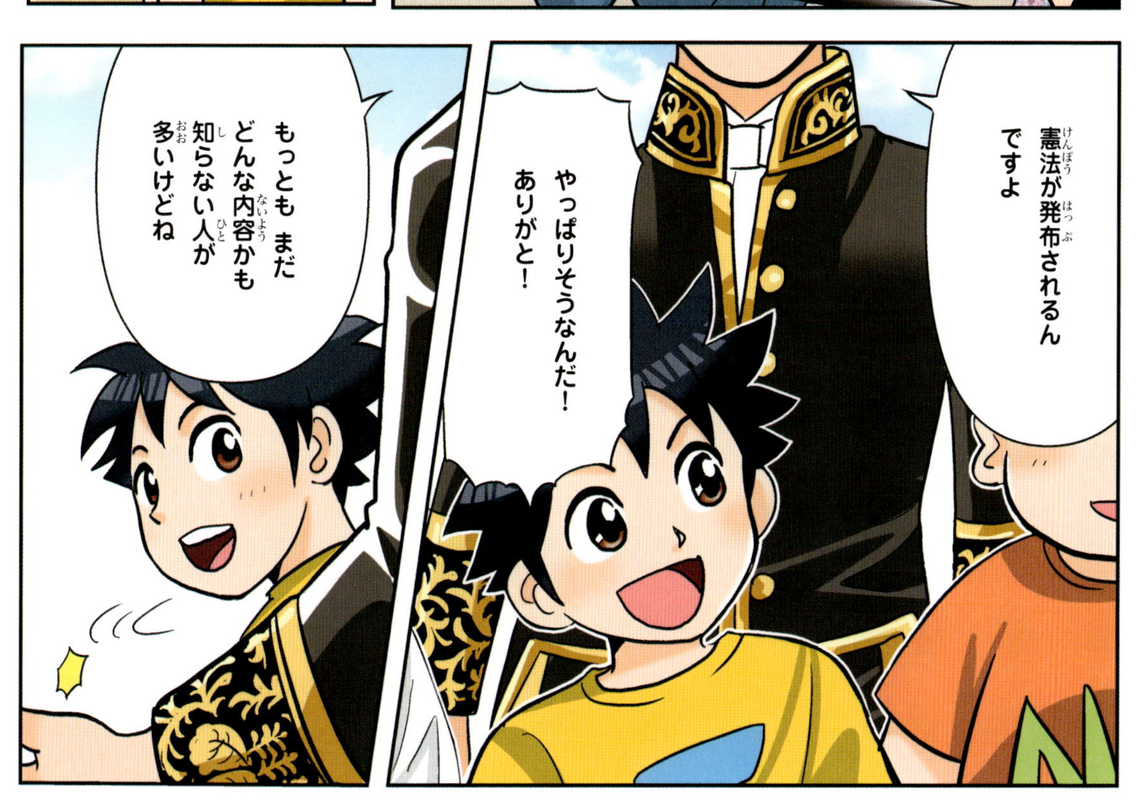
憲法が発布されるん
ですよ
やっぱりそうなんだ!
ありがと!
もっとも まだ
どんな内容かも
知らない人が
多いけどね

テル!!
シュン ユイ ノブ
また会えたな
私たち……
鼠小僧が伊藤さんを
ねらうんじゃないか
と思って……
私も同じだ
おまえたちが来てくれて
頼りになるよ
力になるぜ!
へへっ
では 憲法発布の
式典に行こう

明治宮殿（現在の皇居）
ここだ……
カパパ
ふぇ～おじゃましまーす
泥棒ー!!

タタタタタタ
だっ……
だれか！
そいつを
つかまえてくれ!!
待て!!
憲法を返しなさい!!
憲法泥棒だー!!
鼠小僧っ!!
ちっ
まーた
おまえらか

ん？
おおっ！ いつぞやの…… おまえたちは
何をしているのだ？
伊藤さん!! 鼠小僧が憲法を盗んだんです!!
なんだと!? また おまえか？ 鼠小僧
べーっ
うるせー ほしいもんなら何度でもうばうのよ
しかし こんなに警備が厳重な場所に入って盗みをはたらくとは……
「飛んで火に入る夏の虫」とはこのことだぞ？ 鼠小僧

へん！ べつに オレは これがほしいワケ じゃねぇ
おまえらが 作り上げた この憲法を――
世間が大注目している この晴れ舞台で――
シュッ
こうするために 参上したのさ！

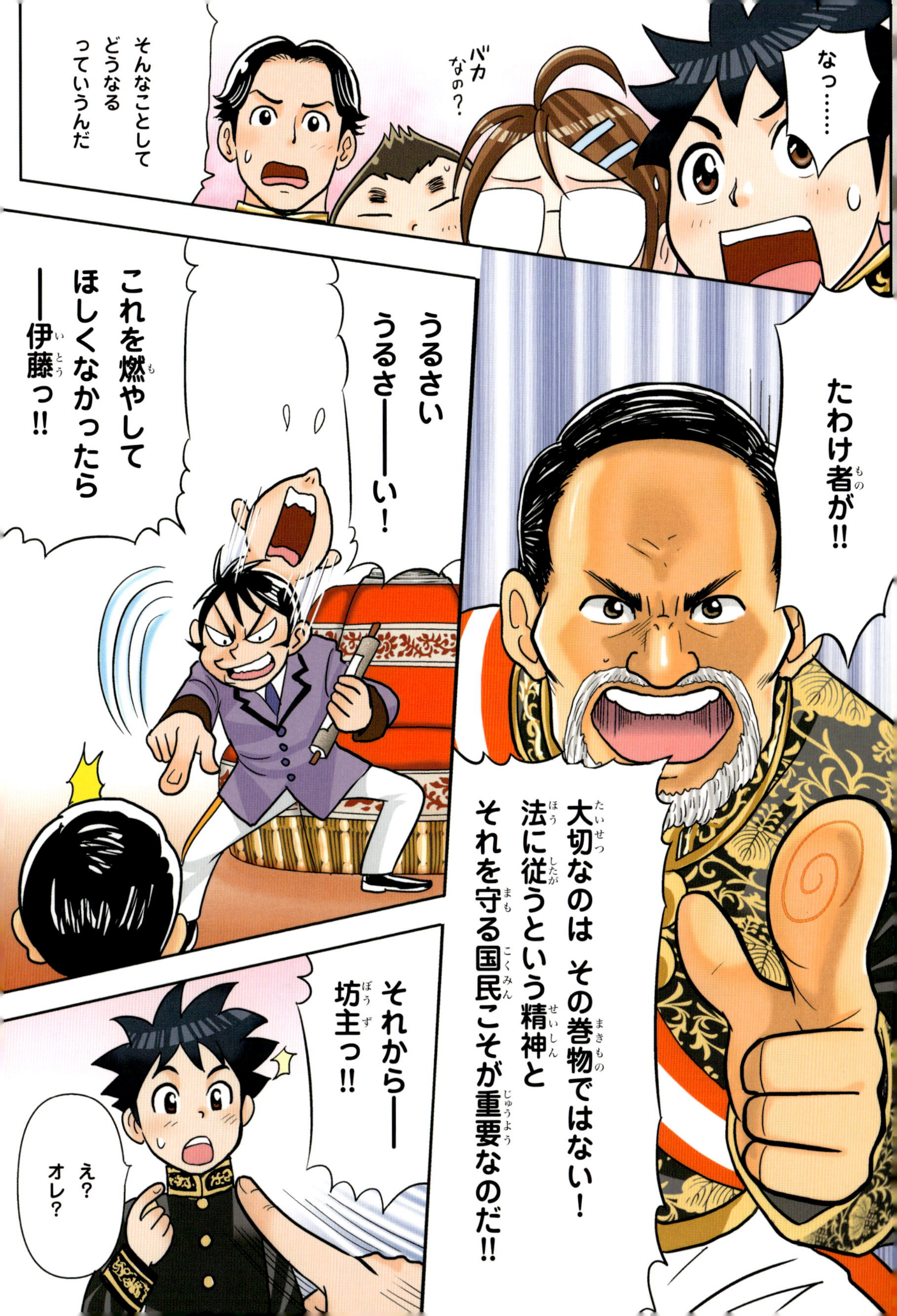
なっ……
バカなの？
そんなことしてどうなるっていうんだ
たわけ者が!!
大切なのは　その巻物ではない！法に従うという精神とそれを守る国民こそが重要なのだ!!
うるさいうるさ――い！
これを燃やしてほしくなかったら――伊藤っ!!
それから――坊主っ!!
え？オレ？

おまえらふたり
ここでズボンを
脱げっ！
は？
ん？
おまえたち　ふたりとも！
このオレのズボンを脱がせたじゃ
ね――――か――――!!
忘れたとは
言わせねーぞー

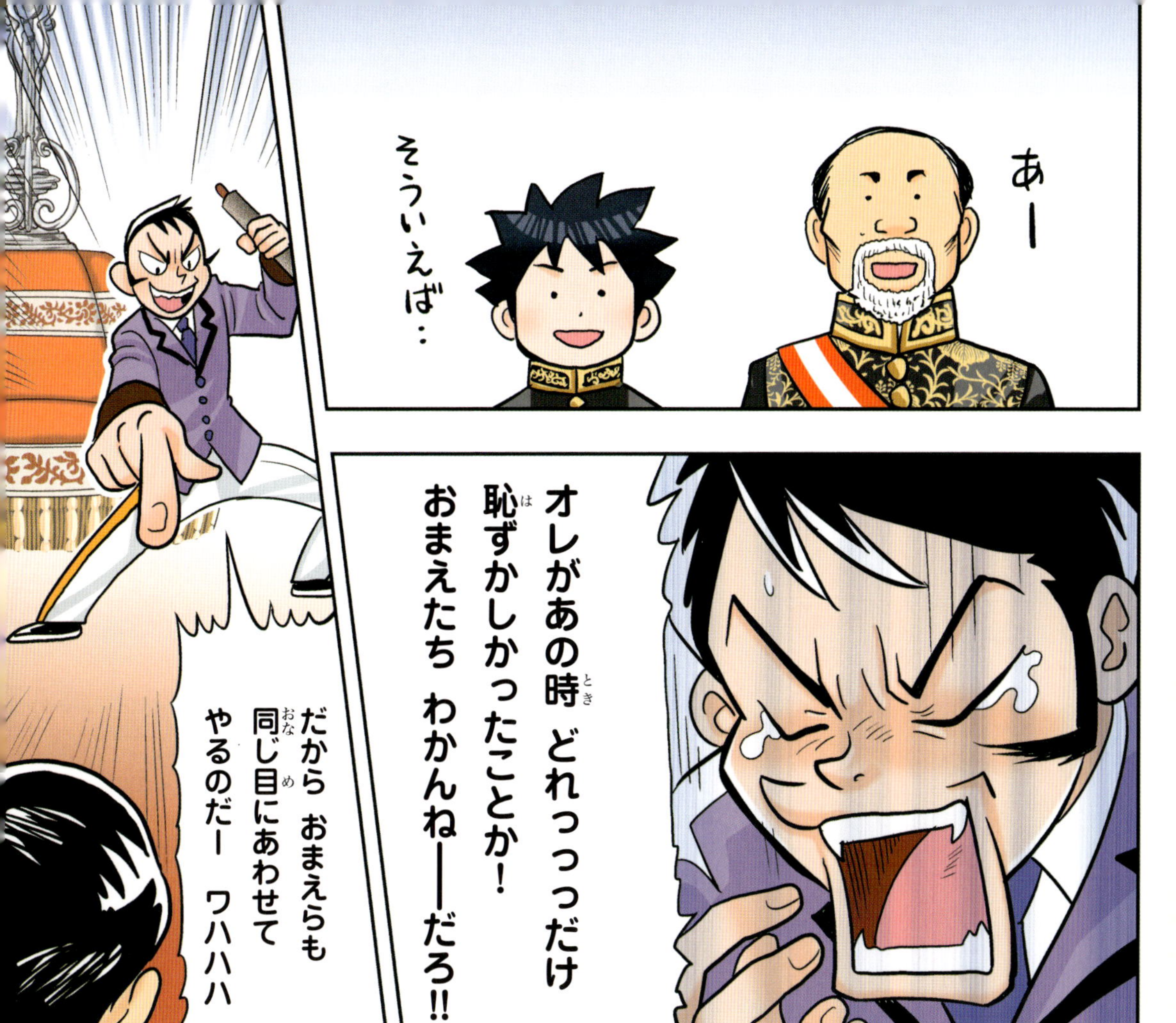
あー
そういえば‥
オレがあの時 どれっっっだけ 恥ずかしかったことか! おまえたち わかんねーーだろ!!
だから おまえらも 同じ目にあわせて やるのだー ワハハハハ

なーんだ
それくらいなら ……
お安いご用だ
シュンったら 恥ずかしいじゃん
伊藤さんも やめてください

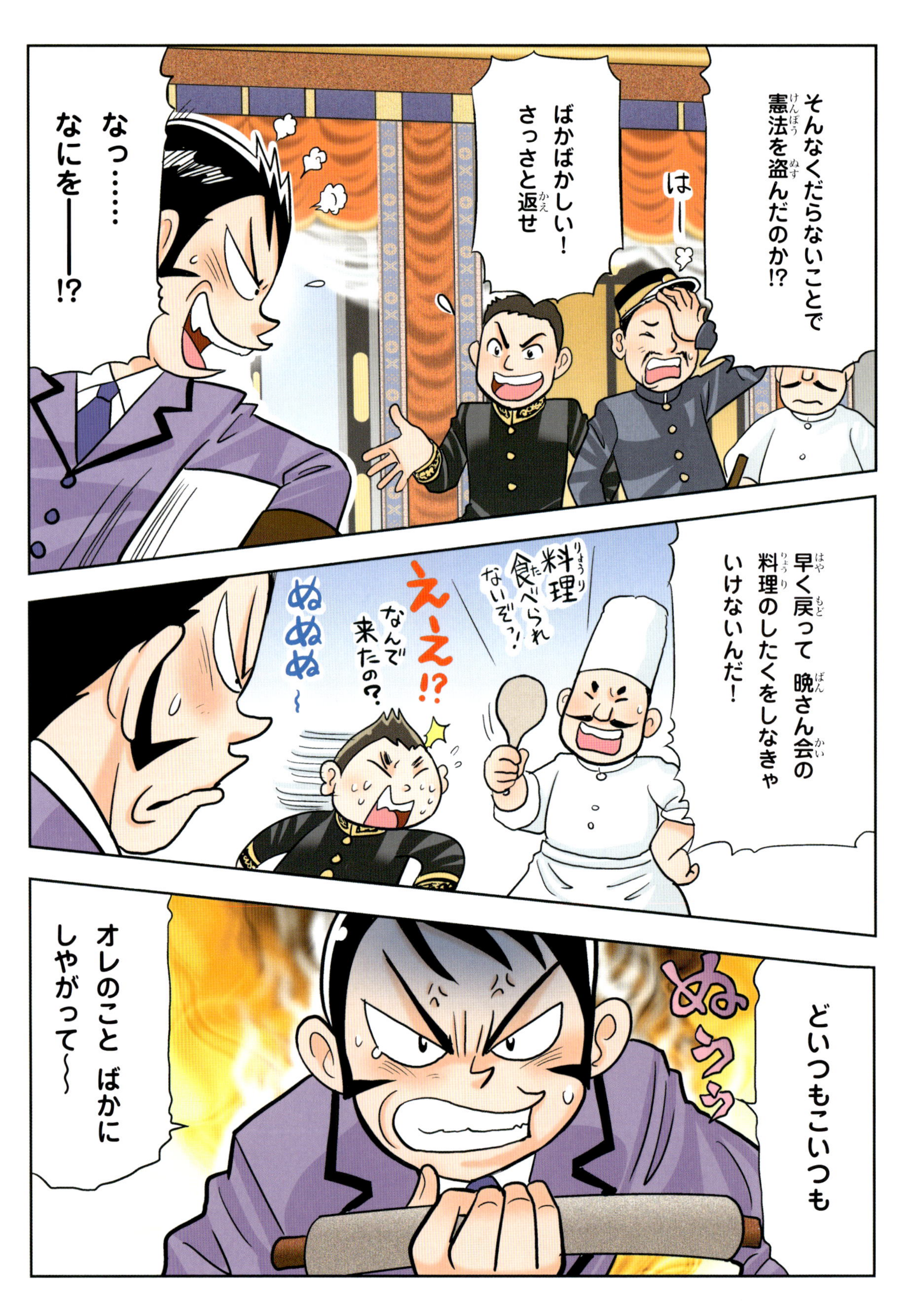
そんなくだらないことで憲法を盗んだのか!?
はー
ばかばかしい!さっさと返せ
なっ……なにを――!?
早く戻って晩さん会の料理のしたくをしなきゃいけないんだ!
料理食べられないぞっ!
ええ!?
なんで来たの?
ぬぬぬぬ～
どいつもこいつもオレのことばかにしやがって～
ぬううう

こんなもの燃やしてやる――!!

大日本帝国憲法と議会の始まり

① ドイツを手本に憲法づくり

政府は、憲法にもとづいた政治（立憲政治）を行おうと考えました。

初代総理大臣の伊藤博文を中心に、君主の権力が強いドイツの憲法を手本にして憲法づくりが進められました。そして、1889（明治22）年に、天皇が国民に与える形で大日本帝国憲法が発布されました。

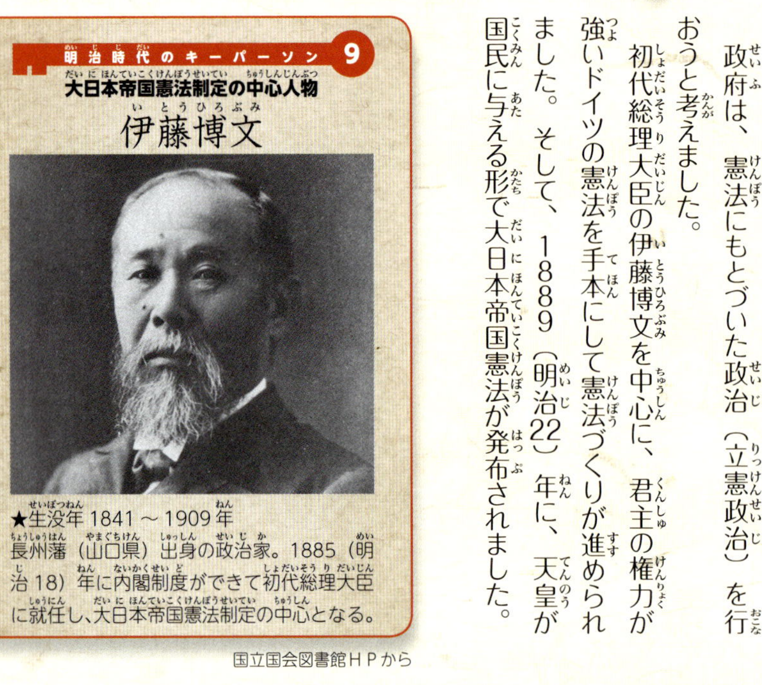

明治時代のキーパーソン 9
大日本帝国憲法制定の中心人物
伊藤博文

★生没年 1841～1909年
長州藩（山口県）出身の政治家。1885（明治18）年に内閣制度ができて初代総理大臣に就任し、大日本帝国憲法制定の中心となる。

国立国会図書館ＨＰから

憲法発布の式典が終わり、皇居から出かける天皇一行を描いた錦絵
街はイルミネーションで飾られ、仮装行列や山車も出てにぎわった。国旗がたくさん売れて祝賀ムードに沸いたが、大日本帝国憲法の内容を知っている人は少なかったという

衆議院憲政記念館蔵

大日本帝国憲法と日本国憲法の違い

大日本帝国憲法で国民の権利が認められたが、現在の日本国憲法と比べると制限があった。また、国の主権は国民ではなく天皇にあり、軍隊があるなどの違いもみられる。国民は「臣民(天皇に支配される人民)」と呼ばれた

大日本帝国憲法 1889年2月11日発布		日本国憲法 1946年11月3日公布
天皇	主権	国民
国を統治する存在で、議会や内閣に承認されなくても議会の解散などができる	天皇	国の象徴で、政治上の権力はない
天皇が率い、国民には兵士になる義務がある	軍隊	軍隊を持たず、戦争を放棄する
法律の範囲内において、言論、集会、信教の自由などを認める	国民の権利	すべての国民が生まれながらにして、いかなるものにも侵害されない権利を持つ

もの知りコラム

理想の国づくりを目指して 民間人も憲法草案をつくった

政府が憲法を制定する前に、民間でも、自由民権運動の活動家や知識人などが、自分たちの理想とする国づくりを目指して、多くの憲法草案(原案)を作成しました。君主があまり政治に参加しないイギリスの憲法に似たものや、五日市憲法草案のように、学校の先生たちの手でつくられたものもありました。

② 初の選挙! 初の議会!

大日本帝国憲法には、国会にあたるものとして、皇族・華族などからなる貴族院と、選挙で選ばれた議員からなる衆議院の2つの議院(帝国議会)を置くことが定められていました。

1890(明治23)年7月には第1回衆議院議員総選挙が行われ、300人の議員が選ばれました。ただし、投票できたのは、満25歳以上で、直接国税15円以上を納めている男子に限られ、全人口の約1%に過ぎませんでした。

同年11月には第1回帝国議会が開かれ、憲法と議会による政治が始まりました。

10章

憲法を守れ！

今だっ!!
うりゃあああ
タンッ
ザッ
わーっ
ゴロゴロ
ゴロゴロ

取り戻したわ
ぱしっ
秘技
ケンポー
どんっ
バッ
ぐはっ

ふがっ

うーん…
まっ…
まいった……
ドタ
ぎゃふん
でかしたぞ
3人組(にんぐみ)!!
やったぁ

ザワ
ザワ

つかまっちまったら仕方ねぇ……
煮るなり焼くなり……好きにしてくれ

そうはいかんなぁ

どっ……どういうことだ!?

憲法ができたからだ
!?

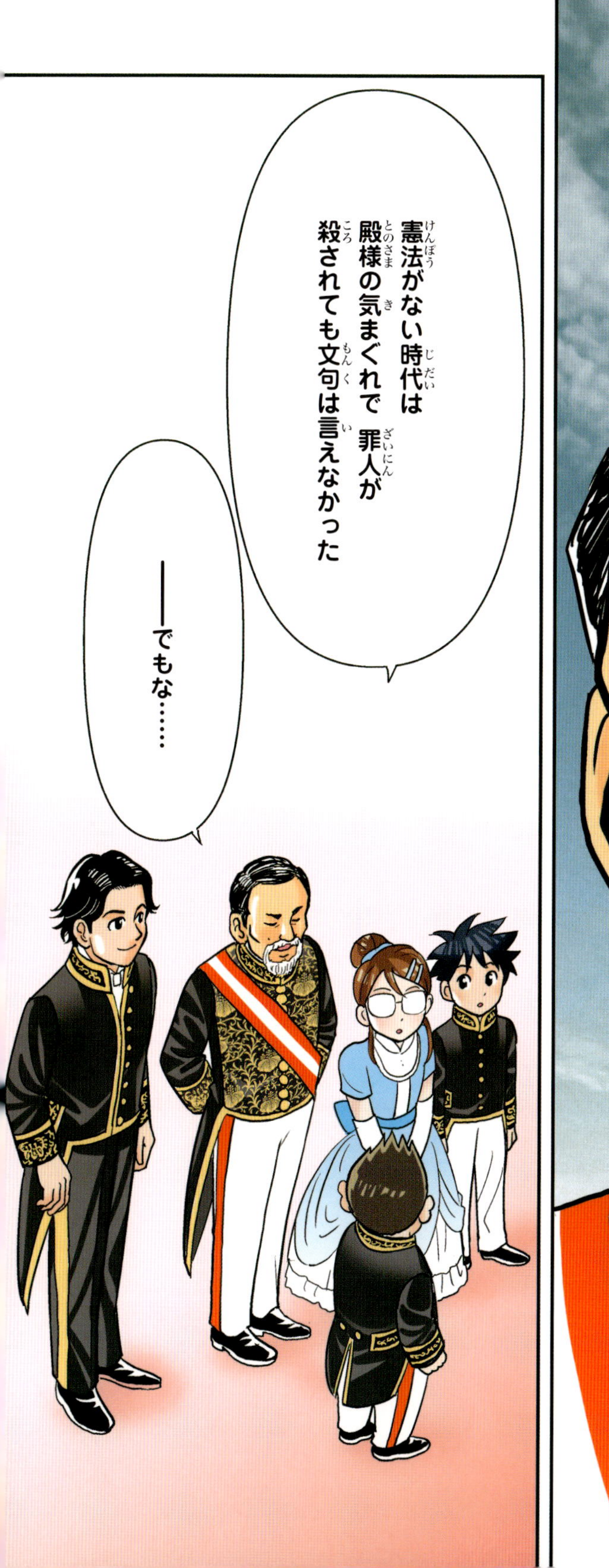
憲法がない時代は 殿様の気まぐれで 罪人が殺されても文句は言えなかった
――でもな……

国の根本の決まりである憲法ができれば　違う！
国民の権利もちゃんと保障される
――だから私が勝手に国民であるおまえを煮たり焼いたりすることなどできないのだよ

そうだったのね……
カッコイイこと言うじゃんかよ!
スゴイ!

ちくしょ――完全にオレの負けだ――っ
もうコソドロもやめたっ!

だから 脱ぐのは坊主だけでいいや
えー オレはゆるされてないの――!?

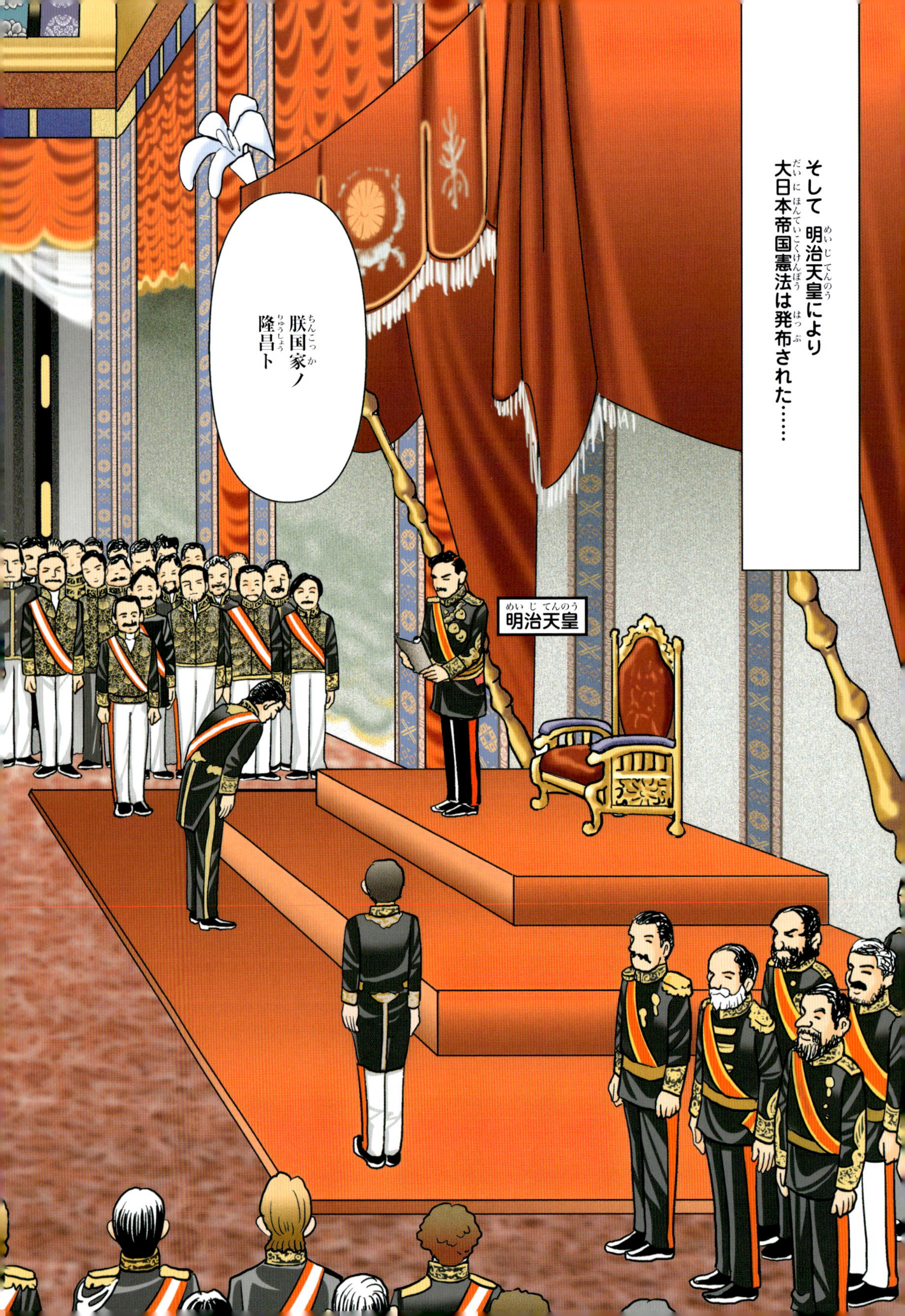
そして　明治天皇により
大日本帝国憲法は発布された……
朕国家ノ
隆昌ト
明治天皇

臣民ノ慶福トヲ以テ…

テル
いろいろ
ありがとうな
こちらこそ
ドレス
ずっと
着ていたかったなー
今度こそ……
最後のお別れのような
気がするな
ああ……
そうだな
最後とか
言わないで…

元気でね
アンパンの
お土産
ありがとう
いつ
もらった
の？
あんぱん

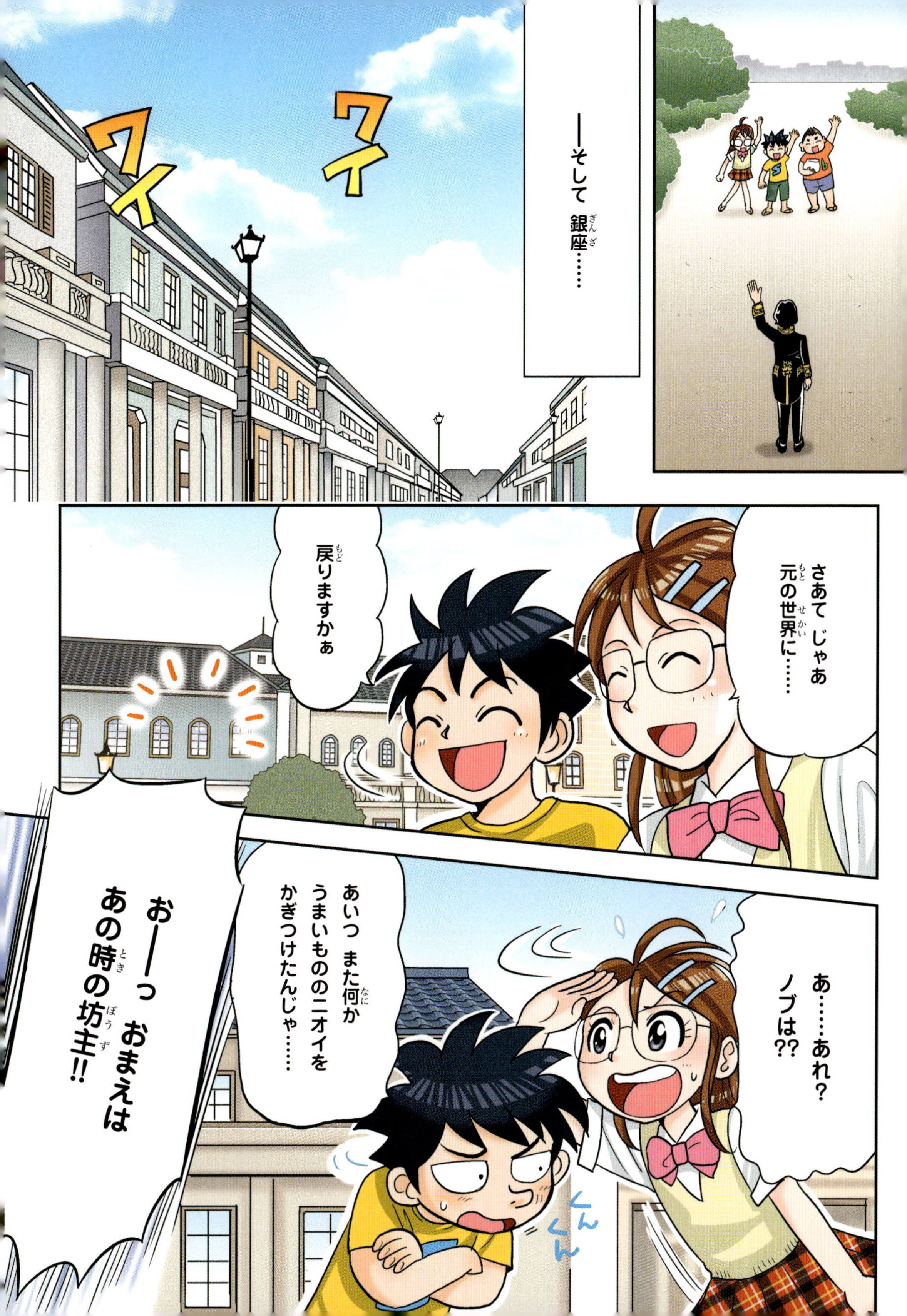
ワイ
ワイ
―そして　銀座……
さあて　じゃあ　元の世界に……
戻りますかぁ
あ……あれ？　ノブは？？
あいつ　また何か　うまいもののニオイを　かぎつけたんじゃ……
くん　くん
おーーっ　おまえは　あの時の坊主!!

あ！　牛鍋屋さんのオジサン……!!
おう　おまえたちもいたのか！
牛鍋
店本
鍋牛
どーん
こ……この立派なお店……もしかして
オジサンの？
鍋牛
でか…

そのとおり！
はっはっ
おまえたちのおかげであれから店は大繁盛してな！　今では10軒も支店を出しておるんだ！
ありがとうな！

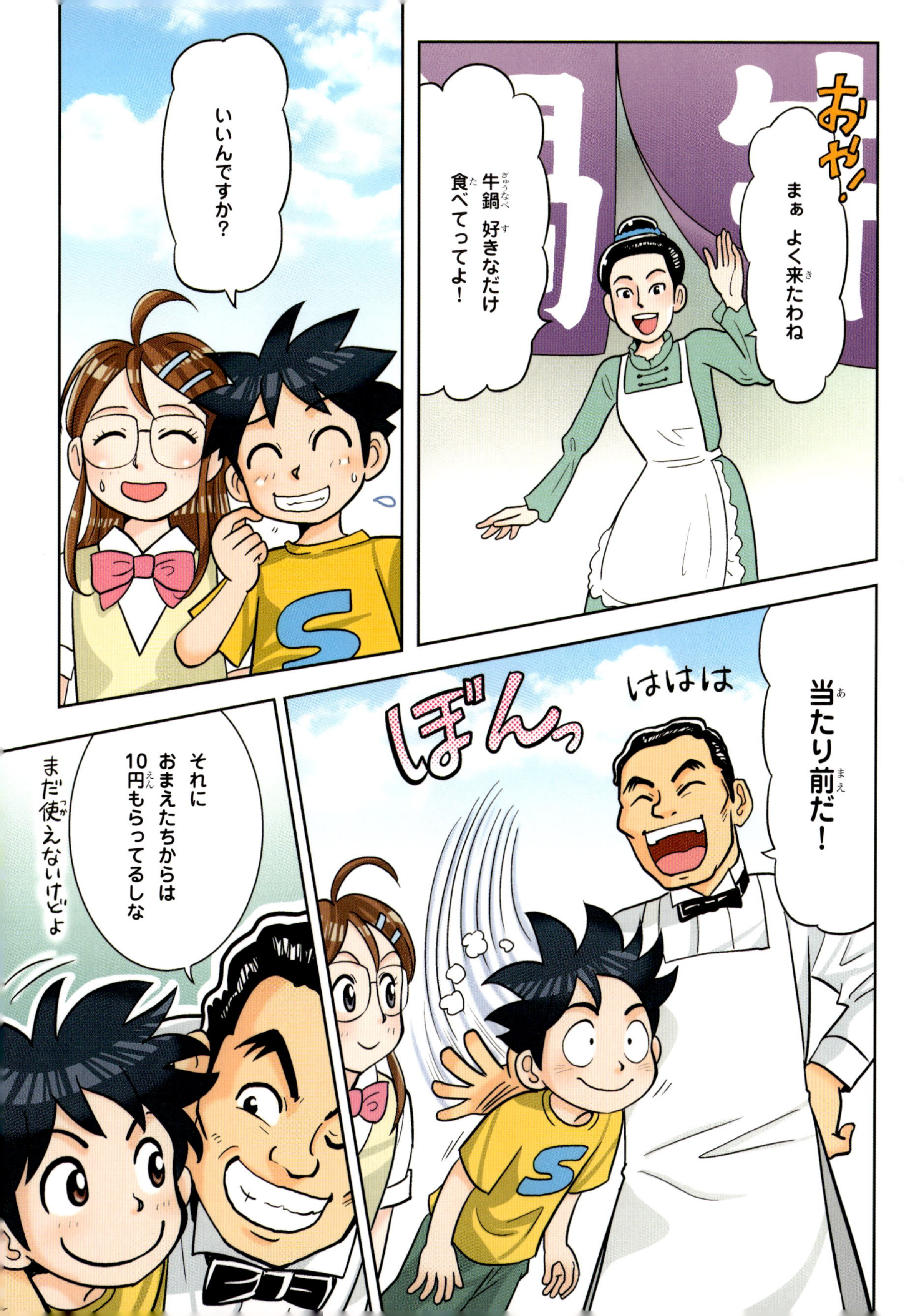
おや！
まぁ よく来たわね
牛鍋 好きなだけ
食べてってよ！
いいんですか？
当たり前だ！
はははは
ぼんっ
それに
おまえたちからは
10円もらってるしな
まだ使えないけどよ

あら
お友達はもう
3人前
食べ終わってる……
おかわり！
ずるっ

ハハハ…
そうだな……
元の世界に戻るのは
……
牛鍋を食べてからに
しましょうか

へい
おふたり様
ご来店だよ
いらっしゃいませ～
あー
さらに
もう一皿
食べ
おわってる
うまし！

ハハハハ
ワイ
ワイ
牛鍋
「明治時代へタイムワープ」終わり。

日清戦争と日露戦争

①朝鮮への野望と日清戦争

日本は朝鮮を無理やり開国し、朝鮮を自分たちの属国と考えていた清（中国）との対立を深めました。

1894（明治27）年、朝鮮の内乱をきっかけに日本と清は朝鮮に軍隊を送り、日清戦争が始まりました。戦いは日本が勝ち、下関条約が結ばれて賠償金と台湾などの領土を獲得しました。朝鮮は独立国と認められました。

②満州への進出と日露戦争

下関条約で、日本が満州（中国）の遼東半島を手に入れると、満州進出を狙うロシアは、ドイツ、フランスとともに遼東半島を返すようにせまり、受け入れさせました。その後、ロシアが満州や朝鮮半島に進出したため、1904（明治37）年に日露戦争が始まりました。

この戦いも日本が勝ち、ポーツマス条約が結ばれて満州や韓国への進出が認められました（賠償金はなし）。

もの知りコラム

鉄の生産力を上げろ！

八幡製鉄所の建設

軍事力を強くするには、鉄が必要でしたが、当時の日本には鉄の生産力がなく、輸入に頼っていました。そこで、日清戦争後、政府が経営する八幡製鉄所が福岡県に設立され、やがて国内の約9割を生産するようになりました。

八幡製鉄所の修繕工場

現在は新日鉄住金の工場。写真の大きなクレーンは100年以上前に設置され、今も現役で動いていて、「明治日本の産業革命遺産」のひとつとして世界文化遺産に登録されている

写真：朝日新聞社

100年以上前の機械が 今も動いているんだ！

明治時代のキーパーソン 10

日本海海戦で勝利

東郷平八郎

★生没年 1848～1934年

薩摩藩出身の軍人。日本海海戦の勝利に貢献して英雄となり、皇太子（のちの昭和天皇）の教育係なども務めた。

国立国会図書館ＨＰから

日本海海戦に臨む東郷平八郎（中央）らを描いた絵

1905（明治38）年、対馬海峡で行われた日本海海戦で、司令長官の東郷平八郎率いる日本の連合艦隊がロシアのバルチック艦隊を撃破。日露戦争の勝利に大きく貢献した

東城鉦太郎「三笠艦橋の図」 記念艦 三笠 蔵

明治時代のキーパーソン 11

不平等条約を完全撤廃

小村寿太郎

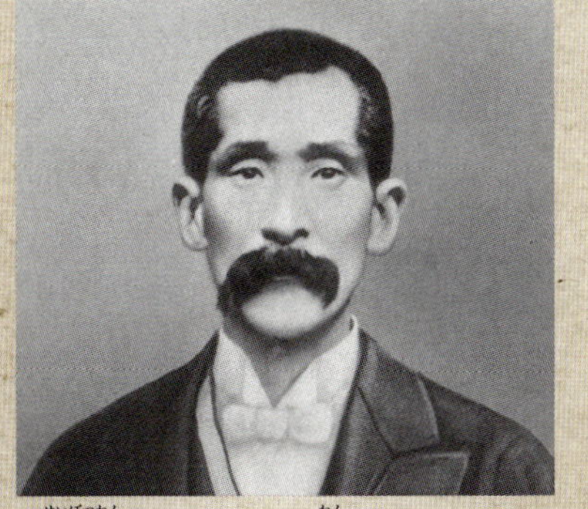

★生没年 1855～1911年

明治時代の外交官・外務大臣。日露戦争の講和条約締結、韓国併合、不平等条約の完全撤廃など、多くの仕事を成し遂げた。

国立国会図書館ＨＰから

③ 欧米列強の仲間入り

2つの戦争に勝ったことで、日本は欧米諸国からその力を認められました。1911（明治44）年には、外務大臣・小村寿太郎が不平等条約の改正に成功して関税自主権が完全に回復され、日本はようやく、欧米諸国と対等な立場になりました。

日本の勝利に、アジアでは欧米の支配に苦しむ国々が勇気づけられる一方で、日本はアジアに進出しました。1910（明治43）年に韓国を併合して植民地的支配を行い、学校では日本語の教育が実施されました。

教えて!! 河合先生

明治時代おまけ話

ぼくといっしょに、
タイムワープの冒険を振り返ろう。
マンガの裏話や、時代にまつわる
おもしろ話も紹介するよ!

歴史研究家：河合 敦先生

『吾輩は猫である』の単行本（復刻版）の上・中・下巻（左から）
「吾輩（猫）」の目から見た人間社会はおかしなことだらけ。「吾輩」のつっこみがさく裂する。「吾輩」は、実際に夏目漱石の家で飼われていた、やはり名前のなかった黒猫がモデル

写真：すべて日本近代文学館蔵

夏目漱石（1867～1916年）

小説家。本名・夏目金之助。教師をしている時、雑誌「ホトトギス」に、「吾輩は猫である」「坊っちゃん」を発表して注目される。1907（明治40）年からは、朝日新聞社に入社して、小説の執筆に専念した。

文明開化で「文章」も変わった

河合先生：みんなお帰り！　憲法守ったりして、大活躍だったね。ところで明治時代の牛鍋はおいしかったかな？

ノブ：牛鍋は、ロマンだ！

ユイ：あ、ノブ！　おならしようとしてるでしょ!!　やめてよね！

河合先生：ところで、明治時代は政治や食べ物だけでなく、いろいろなことに変化が起きて、新しくなった時代だよね。

シュン：テルも、幕末の時はチョンマゲだったのに、明治時代には洋服着てたよ。

河合先生：実は「文学」にも大きな変化が起きたんだ。みんなは、夏目漱石という作家を知っているかい？

ユイ：『吾輩は猫である』とか『坊っちゃん』を書いた人ですよね？

シュン：猫が人間の言葉を話せちゃう話？　なんだか面白そう！

河合先生：そう、その夏目漱石。漱石は出だしの文が印象的なことで有名なんだ。

①明治時代の文章（言文一致の文章）

吾輩は猫である。名前はまだ無い。
夏目漱石『吾輩は猫である』から

親譲りの無鉄砲で小供の時から損ばかりしている。
夏目漱石『坊っちゃん』から

②江戸時代の文章

此世のなごり　夜もなごり　死にに行く身をたとふれば　あだしが原の道の霜　一足づつに消えてゆく　夢の夢こそあはれなれ
近松門左衛門『曽根崎心中』から

左上の①の例文で紹介したから読んでみて。

ユイ：約100年前の文章だけれど、読めるし意味もわかるわ。

河合先生：明治時代より前に書かれた文章は、②のように、書く時の言葉づかいとしゃべる時の言葉づかいが違っていたんだ。

ノブ：うわ、読みにくい……。

河合先生：そうなんだ。それで、明治時代に、書き言葉を話し言葉に近づけようという運動が起きた。「言文一致運動」と呼ばれているよ。夏目漱石も、言文一致で小説を書いた作家のひとり。今でも多くの人に漱石の作品が愛されているのは、言文一致で読みやすいということもあるよ。

2

明治時代
ビックリ報告

明治時代の「ワイドショー」錦絵新聞が大人気

特ダネを探せ！

写真：すべて国立国会図書館ＨＰから

庶民の興味を絵にした新聞

錦絵新聞は、明治の初めからの数年間、発行されていた出版物です。ニュースを伝える「新聞」の中から、庶民が面白がりそうな記事を選び、「錦絵」で発行しました。錦絵とは、江戸時代に生まれたカラーの浮世絵版画です。文字を読むのが苦手な庶民にとって、絵が大きい錦絵新聞は、とても人気がありました。

内容は、感動的な話から事件、芸能人のうわさまで、今の週刊誌やテレビのワイドショーと似ています。いつの時代も、人は

こういう興味本位のお話が好きなんですね。

▶三つ目の妖怪あらわる！
ある男の子の枕元に、三つ目の妖怪があらわれた！　あっという間に大きくなって天井に昇っていくのを子どもの父親がとらえると、なんと古狸が化けていた……という話
「東京日々新聞」445号（明治7年9月）

▼三つ子誕生！
三つ子の女の子が生まれて、親に5円（今の10万円ほど）が渡されたというお話。三つ子の誕生は当時でもめずらしかったと考えられる

「東京日々新聞」861号（明治7年12月）

▲わたしを甘く見るな！
松本あい（26歳）は柔術の達人。ある日、隣の家の女の子と散歩をしていたら、4人の男に囲まれた。でも、あっという間にこてんぱんにやっつけたというお話

「郵便報知新聞」551号（明治8年8月）

▲江藤新平
（1834～1874年）

指名手配写真第1号！

江藤新平は、西郷隆盛（→88ページ）と同じく、明治政府の高官でありながら政府を去り、後に反乱を起こした人物です。政府にいた時、江藤は犯罪者の「指名手配」に写真を取り入れることを決めました。しかし、なんと彼自身が指名手配写真の第1号になってしまったのです。江藤の逮捕には庶民も興味を持ち、錦絵新聞でも描かれました。

▲江藤新平、逮捕される

「東京日々新聞」656号（発行年月不明）

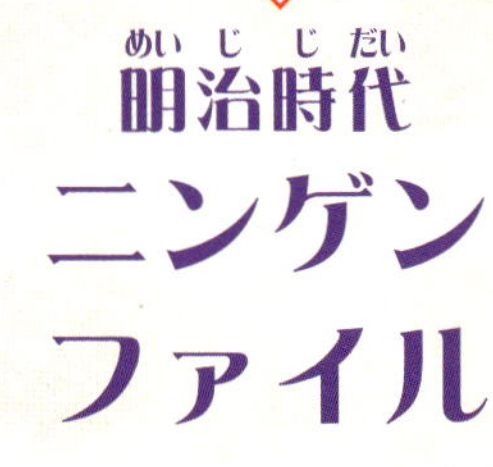

新国家の基礎を築いた政治家

大久保利通

西郷どんおはん（おまえ）の死とともに新しい日本が生まれる！

▲鹿児島のシンボルともいえる桜島の中心にある御岳は、今も噴火を続けている活火山。若き大久保利通と西郷隆盛も、この風景を見ながら、日本の将来を語り合ったかもしれない

写真：朝日新聞社

下級武士から大出世！

大久保利通（↓89ページ）は薩摩藩（鹿児島県）の下級武士でしたが、藩主・島津忠義の父で、藩の実権をにぎっていた久光に気に入られたことから出世し、薩摩藩の中心人物になりました。そして、同じ薩摩藩出身で親友の西郷隆盛（↓88ページ）と

大久保利通（1830～1878年）

薩摩藩（鹿児島県）の下級武士の出身。同じ藩出身の西郷隆盛とは幼なじみ。討幕運動の中心として活躍し、明治の新政府では内務卿などの重要な役職を歴任。西南戦争の翌年、不平士族によって暗殺された。

士族（かつての武士）の不満を
一身に引き受けた

西郷隆盛

苦しい時も、大久保と支え合った

西郷隆盛と大久保利通は、薩摩藩の同じ町内で育った幼なじみです。ともに10代後半で藩の役人になり、お互いが苦しい時には支え合いました。また、江戸幕府を倒し、新しい日本をつくるためにも力を合わせました。しかし、明治の新政府では、近代化を急ぐ大久保と、士族の立場を考える西郷とは意見が対立し、別々の道を歩みます。

不平士族のために戦うことを決意

西郷は明治政府と戦うことには反対でした。しかし、日本中の不平士族が彼のもとに集まると、「おまえたちがその気なら、自分の体は差し上げよう」と腹をくくりました。

決して偉ぶらず、いつも謙虚で情に厚かった西郷は、「西郷どん」として、今も尊敬され、人気があります。

西郷隆盛（1828～1877年）
薩摩藩（鹿児島県）の下級武士の出身。幼なじみの大久保利通とともに倒幕運動の中心として活躍し、明治の新政府では陸軍大将などを歴任。大久保と対立したあとは鹿児島に帰り、不平士族に請われ、西南戦争を率いるが、敗れて自害。

ともに、江戸幕府を倒すために行動し、大きな力を発揮しました。

新しい国のためなら親友とも対立

明治政府で大久保は、産業を盛んにする政策（殖産興業→74ページ）を行いました。一方で、西郷とは政治的な意見のちがいで対立するようになります。結果、大久保が勝ち、西郷は政府を去ります。そして大久保は、西南戦争（→89ページ）を起こした西郷を容赦なく倒しました。

冷静な利通の目に涙……

西南戦争のリーダーが西郷だと知ると、大久保は一筋の涙を見せたそうです。彼が涙を流したのは、子ども時代をのぞき、この時だけでした。

いつも冷静で威厳があり、時には策略をめぐらすこともした大久保ですが、すべては新しい国を建設するためでした。信念で行動し、名声やお金では動かなかった大久保は、「真の政治家」といわれています。

4 明治時代 ウンチクこぼれ話

【大工がつくった洋風建築】

明治の初め頃、日本の大工によって、見よう見まねで洋風の建物がつくられました。これらは「擬洋風建築」と呼ばれています。

▲擬洋風建築の1つ、長野県松本市の旧開智学校。1876（明治9）年、棟梁の立石清重によってつくられた。天使の看板が印象的

クレジットのない写真：すべて朝日新聞社

【お雇い外国人いろいろ】

幕末から明治にかけて、日本は欧米に追いつこうと、たくさんの外国人を招き、法律や技術などを学びました。彼らは「お雇い外国人」と呼ばれています。ほとんどのお雇い外国人は、日本の発展のために力を尽くしましたが、給料だけもらって何もしない人もいました。高い給料を払っているだけに、お雇い外国人が期待はずれだった時は、雇った側は大損でした。

[クラークの名言]
Boys, be ambitious!
（少年よ、大志を抱け！）

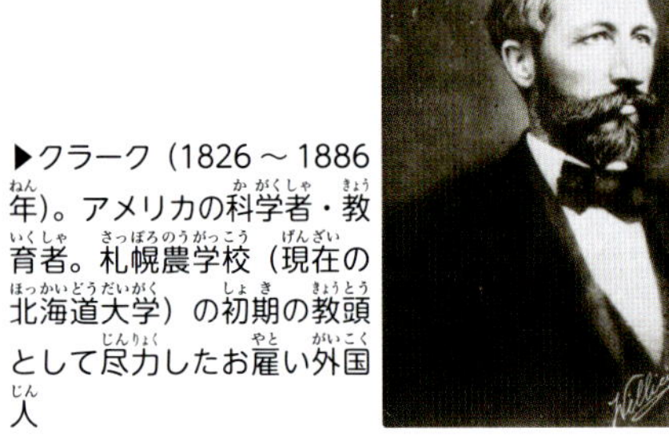

▶クラーク（1826～1886年）。アメリカの科学者・教育者。札幌農学校（現在の北海道大学）の初期の教頭として尽力したお雇い外国人

【わかりやすい天気予報ができた！】

日本で初めて、「天気予報（暴風警報）」が発表されたのは1883（明治16）年5月。「四国・関西地方に暴風があるので警戒せよ」、というものでした。

翌1884（明治17）年からは、1日3回の天気予報が始まり、東京の交番などで見ることができましたが、庶民にはわかりづらいものだったようです。

そこで、1893（明治26）年、新聞「時事新報」ではイラストで天気を予報するようになりました（右）。これならわかりやすいと、とても好評だったそうです。

「時事新報」（明治26年1月3日）
慶應義塾福澤研究センター

【父親としての大久保利通】

大久保利通（→89ページ）は、無口で、自分にも他人にも厳しい政治家でした。そのため、多くの人が恐れていたのですが、実はとても家族を大切にしていたことで有名です。朝は必ず10分は子どもとの時間をとり、土曜日は、家族といっしょに夕食を楽しむなど、家族と過ごす時間を決めていました。

大久保さんから日本の将来を引き継いだのはこの伊藤博文じゃ！

【明治時代のタクシー】

▲1897（明治30）年頃の大阪・心斎橋。2人の女性を乗せた人力車を車夫が引っ張る！

今でも観光地などで見かける人力車は、明治時代に生まれた「タクシー」です。江戸時代は籠か馬でしたが、籠より速くて馬より安い人力車が1870（明治3）年に走り始めると、あっという間に人々の「足」になりました。お金持ちの人は、おかかえの車夫（人力車を引く人）を持つことがステータスでした。

【そして明治は終わった】

乃木希典は、幕末の様々な戦乱に参加し、明治の新政府でも、日清戦争では旅団長として功績をあげ、さらに日露戦争では司令官の1人として、大きな責任を果たしました。戦の後、長い軍人生活の間に多くの兵士を死なせたことを悔いた乃木は、死んでわびたいと明治天皇に申し出ましたが、許されませんでした。1912（大正1）年、明治天皇が崩御して約2カ月後の「大喪の礼」の日に、乃木は明治天皇のあとを追うように、自刃しました。

▶乃木希典（1849～1912年）。明治時代の軍人

明治時代の話はこれでおしまい！別の時代で、また会おうね！

明治時代年表

明治時代	
1868年	戊辰戦争が始まる（～1869年。旧幕府軍が新政府軍と戦って敗れる）
	五箇条の誓文（新政府の政治の方針が示される）
	江戸が東京と改められ、年号が明治に変わる
1871年	廃藩置県が行われる
	岩倉使節団出発（岩倉具視らの使節団が欧米に向かう）
1872年	学制公布（小学校、中学校などをつくることが計画される）
	新橋～横浜間で鉄道が開業する
	富岡製糸場がつくられる
1873年	徴兵令が出される
	地租改正が行われる
1874年	議会の設置を求める意見書が出される。この頃から、自由民権運動が盛んになる

1877年	西南戦争
1883年	鹿鳴館が完成する
1885年	伊藤博文が初代総理大臣になる
1886年	ノルマントン号事件
1889年	大日本帝国憲法が発布される
1890年	第1回帝国議会（国会）が開かれる
1894年	イギリスとの不平等条約の一部改正に成功する（領事裁判権の撤廃）。他の欧米諸国とも改正される
	日清戦争が起きる（～1895年。日本が清〈中国〉と戦う）
1902年	日英同盟が結ばれる
1904年	日露戦争が起きる（～1905年。日本がロシアと戦う）
1910年	日本が大韓帝国（韓国）を併合する
1911年	不平等条約が完全に撤廃される（関税自主権の完全回復）

監修　河合敦
編集デスク　大宮耕一、橋田真琴
編集スタッフ　泉ひろえ、河西久実、庄野勢津子、十枝慶二、中原崇
シナリオ　十枝慶二
コラムイラスト　相馬哲也、イセケヌ
コラム図版　平凡社地図出版、エスプランニング

参考文献　『早わかり日本史』河合敦著 日本実業出版社／『詳説 日本史研究 改訂版』佐藤信・五味文彦・高埜利彦・鳥海靖編 山川出版社／『山川 詳説日本史図録』（詳説日本史図録編集委員会編 山川出版社）／『21世紀こども百科　歴史館』小学館／『ビジュアル・ワイド 明治時代館』小学館／『ニューワイドずかん百科　ビジュアル日本の歴史』学研／『復元 鹿鳴館・ニコライ堂・第一国立銀行』東京都江戸東京博物館監修 ユーシープランニング／『復元 文明開化の銀座煉瓦街』東京都江戸東京博物館監修 ユーシープランニング／「週刊マンガ日本史」36～41号　朝日新聞出版／「週刊新マンガ日本史」41号、42号、45号 朝日新聞出版

※本シリーズのマンガは、史実をもとに脚色を加えて構成しています。

明治時代へタイムワープ

2018年3月30日　第1刷発行
2022年6月20日　第7刷発行

著　者　マンガ：もとじろう／ストーリー：チーム・ガリレオ
発行者　片桐圭子
発行所　朝日新聞出版
〒104-8011
東京都中央区築地5-3-2
編集　生活・文化編集部
電話　03-5540-7015（編集）
03-5540-7793（販売）

印刷所　株式会社リーブルテック
ISBN978-4-02-331672-0
本書は2016年刊『明治時代のサバイバル』を増補改訂し、改題したものです